이재명의
정치 그릇

이재명의 정치 그릇

초판 1쇄 인쇄 | 2025년 6월 16일
초판 1쇄 발행 | 2025년 6월 23일

지은이 | 진규동
펴낸이 | 김의수
펴낸곳 | 레몬북스(제396-2011-000158호)
전　화 | 070-8886-8767
팩　스 | 031-990-6890
이메일 | kus7777@hanmail.net
주　소 | (10387) 경기도 고양시 덕양구 삼원로73 한일윈스타 1406호

ⓒ레몬북스
ISBN 979-11-91107-57-9(03340)

이재명의
정치 그릇

진규동 지음

다산 정약용과
이재명,
시대의 물음에
리더십으로 답하다

레몬북스
lemon books

"백성들은 병들고 굶주려 진구렁에서
서로 기대어 죽어가는데,
그들을 맡은 목민관은 고운 옷을 입고
맛있는 음식을 먹으며 자기 몸만 살찌우고 있으니,
어찌 슬프지 않겠는가!"

– 정약용, 『목민심서』 서문

"고통스럽게 살지 않게 해줘야 한다.
'잘 산다'라고 하는 것과는 좀 다르다.
잘사니즘이라고 하면 좀 더 가치 지향적이고,
좀 더 정신적이고, 고통 없는 삶을 넘어서
더 행복한 삶을 살 수 있는 세상을 만들자
그런 거라고 봐주시면 되겠습니다."

– 이재명, 21대 대통령 선거 출마 선언문

차 례

시대의 질문,
리더의 길을 묻다

정치란 무엇인가?

이 단순하지만 거대한 질문 앞에서, 정약용과 이재명은 각자의
자리에서 묵묵히 답을 찾아나갔다. 정약용은 붓으로 부패한 체제
를 해부했고, 이재명은 고단한 삶 속에서 몸으로 정책을 실현했다.

다산은 일찍이 『목민심서牧民心書』에서 "백성이 흘린 눈물을 닦
아주는 것, 이것이 목민관의 정사政事이다."라고 하였다.

이재명은 보다 구체적으로 정치의 가장 중요한 일은, 국민 모두
가 공정하게 경쟁할 수 있도록 규칙을 만들고, 그 규칙이 잘 지켜
지도록 나라가 제대로 일하게 하는 것이라고 하였다. 그래야 부자
든 가난하든 누구나 함께 잘 살 수 있는 행복한 사회가 될 수 있기
때문이다.

200여 년의 시간을 넘어, 두 사람은 같은 진실에 닿았다. 정치

는 권력을 위한 기술이 아니라 사람을 위한 실천이라는 믿음이다.

정약용의 곡산 부사 시절, 그는 억울한 백성 이계심을 만났다. 그는 부당한 처사를 폭로한 수배범이었다. 다산은 이 사건의 심문 결과를 다음과 같이 판결하고 그를 무죄 석방하였다. "관청이 밝지 못한 것은 백성이 제 뜻을 말하지 않기 때문이다. 너 같은 사람은 관청에서 천금으로 사들여야 할 인재다."

200여 년 전 이 판결문은 나에게 '깨어 있는 시민'이 어떤 사람인지 눈을 뜨게 했다. 그리고 그 '눈'으로 오늘을 살아가는 한 사람, 이재명을 다시 보게 되었다. 흙수저로 태어나, 현실을 끌어안고, 기득권의 벽에 맞서며 살아온 사람. 다산처럼, 그는 권력을 위한 정치가 아닌 사람을 위한 정치를 꿈꾸었다.

정약용의 그릇은 제도와 철학으로 빚어진 깊은 항아리였고, 이재명의 그릇은 현실과 고통을 끌어안은 투박한 그릇이었다.

그러나 그 안에 담긴 것은 똑같았다. 사람, 그리고 실천.

오늘 우리는 다시 묻는다. 리더의 그릇은 어떤 그릇이어야 하는가?

그것은 권력을 담는 그릇이 아니라, 사람의 눈물과 희망을 품을 수 있는, 깊고 넓은 그릇이어야 한다. 그리고 우리는 시민으로서, 비판을 품되 증오에 물들지 않고, 참여하되 냉소에 빠지지 않는 깊은 그릇을 빚어야 한다.

정치는 누군가 대신 해주는 일이 아니라, 우리가 함께 빚어가는 공동의 그릇이기 때문이다.

이재명의 그릇은 아직 완성되지 않았다. 그것은 지금 이 순간, 우리 모두가 함께 빚는 중이다. 질문을 잃지 않고, 실천을 멈추지 않는다면, 우리는 더 나은 그릇을 만들어낼 수 있다.

정약용이 던진 질문, 이재명이 이어간 실천. 그들은 길을 밝혔고, 이제는 우리가 그 길을 걸어가야 한다. 우리의 질문이 우리의 그릇이 되고, 우리의 그릇이 우리의 미래가 될 것이다.

다산을 따라 걷게 된 지 어느덧 10여 년이 되었다. 처음엔 단순한 존경심에서 시작하였다. 시간이 흐르면서 '다산 연구자'가 아닌 그의 정신을 오늘의 언어로 전하는 '다산 심부름꾼'이 되기를 소망하게 되었다. 그것은 보면 볼수록 다산 선생의 학문의 깊이와 폭이 너무나 광대하고 넓어 감히 내가 연구하기에 벅차기 때문이다.

다산은 늘 우리에게 묻는다.

"당신은 어떤 그릇을 만들고 있는가?"

이 책은 그 질문에 응답하는 한 시민의 기록이자, 함께 그릇을 빚는 이들을 위한 작고 따뜻한 심부름이다. 이 책을 통해 독자 여러분 또한 자신만의 그릇을 빚어가는 여정에 동참하기를 희망한다. 서로 다른 모양과 크기의 그릇들이 모여 더 큰 세상을 담아낼 수 있도록, 함께 질문하고 실천하며 나아가기를 소망한다.

다산 심부름꾼 드림

Chapter 1

삶의 바닥에서 피운
소명의 서막

"고무공장 샌드페이퍼에 깎여 피가 배어 나오는 손바닥, 벨트에 감겨
무너진 손가락, 프레스 사고로 망가진 왼팔 (중략) 밤 10시 넘게 퇴근
하고 새벽 4시에 귀가하던 어린 시절, 그 고통 속에서도 묵묵히 기다
리시던 어머니의 헌신을 회상하며 '지금은 또 자식들 문제로 힘들어하
십니다. 죄송합니다. 어머니!'"
– 이재명, 성남 오리엔트 공장 기자회견, 2017. 1. 23.

가문의 한계를 딛고 일어서다

정치는 어디에서 출발하는가? 권력인가, 가문인가, 아니면 고통인가? 이 물음 앞에서 두 사람의 인생이 시작된다.

한 사람은 조선 명문가의 금수저, 또 다른 한 사람은 깊은 산골의 가난한 흙수저로 출발했다. 그런데 우리는 이 두 사람의 삶을 단순히 '금수저 vs 흙수저'라는 이분법적 구도로만 볼 수 있을까?

정약용, 그는 1762년 여름 경기도 광주군 초부면, 지금의 남양주시 조안면 능내리에서 태어났다. 그의 아버지 정재원은 진주 목사를 지낸 고위 관료였다.

어린 정약용은 글을 듣기만 해도 외우는 신동으로, 재주가 총명하여 학업에 열중했고, 열 살에 쓴 글이 자신의 키만큼 쌓였다.

정약용은 「자찬묘지명」에서 다음과 같이 회고했다.

"나는 9세에 문자를 알았고, 10세부터 경사와 고문을 부지런히 읽었다.”

그가 '경사와 고문을 부지런히 읽었다'고 쓴 것은 과장이 아니었다.

조선 후기 실학을 이끌 인물로서, 정약용의 시작점은 학문과 친숙한 환경이었다. 하지만 그가 상속받은 것은 지식만이 아니었다. 특권적인 언어와 사회 구조 역시 그의 삶에 깊숙이 관여했다. 그는 누구보다 조정과 권력의 핵심을 꿰뚫고 있었다. 그렇기에 그 누구보다 기득권을 내려놓는 결단을 내릴 수 있었다. 실학자 정약용은 쇠락한 조선을 재건하고자 했으며, 유배지에서는 “정치의 본질은 백성을 편안하게 하는 데 있다”라고 기록했다.

물론, 그의 사상에는 시대적 한계도 존재했다. 노비제를 점진적으로 개선하려 했지만, 이는 현대적 관점에서 비판될 수 있다. 여성과 신분제에 대한 그의 관점 역시 유교적 세계관의 한계를 담고 있다. 그러나 우리는 그런 한계를 비판적으로 성찰하면서도, 그가 추구했던 실천적 개혁 정신을 오늘에 되살릴 필요가 있다.

이재명, 그는 경북 안동 예안면 도촌에서 태어났다. 화전민의 아들로, 초등학교 6년을 왕복 4시간씩 걸어 다녔다. 1976년 겨울, 졸업 후 가족과 함께 성남으로 이사했고, 그곳에서 열세 살 소년공으로 출발했다. 초등학교 졸업 후 중학교에 진학할 형편이 못 되어, 곧장 공장으로 향했다.

그는 프레스 기계에 팔이 끼어 장애를 입고, 구타와 중금속 화학

물질로 후각의 절반을 잃었다. 그는 몇 차례 자살을 시도했고, 살아남은 끝에 로커실에서 몰래 책을 읽으며 삶의 방향을 틀었다.

공돌이 생활 6년 동안 쇳가루와 화공 약품 냄새는 늘 몸에 배어 있었다. 그야말로 이름조차 없던 소년 공돌이였을 뿐이다.

이재명은 검정고시로 중고교를 마치고, 장학금으로 중앙대 법대에 진학했다. 그리고 사법 시험에 합격한 날, 아버지의 임종을 지켰다.

그는 정치는 삶을 바꾸는 실천이어야 한다고 주장했다.

"정치라고 하는 것은 현장이죠. 현장에서 국민들의 삶을 놓고 실제로 그 삶을 결정하는 거예요. (중략) 어떤 게 더 유용하고 어떤 게 더 필요하냐. 이게 최고의 기준이 되어야 한다."(이재명, 21대 대통령 출마 선언문)

그가 택한 정치는 '정의'라는 개념보다 '사람'을 위한 도구였다. 장애와 가난이라는 운명을 그는 그렇게 정치로 응답했다.

정약용과 이재명, 이 두 사람은 '출신'을 운명으로 받아들이지 않았다. 한 사람은 금수저로 태어나 특권을 내려놓았고, 또 한 사람은 흙수저로 태어나 약자의 고통을 껴안았다.

출신을 넘어, 방향을 선택한 사람들

정약용은 유배를 넘어 600여 권의 책을 저술하며 정치를 글로 설계했고, 이재명은 좌절 끝에서 시민의 고통을 마주하며 정치를 실천으로 끌어왔다. 정약용은 『목민심서』에서 말했다.

"청렴은 수령의 본무로, 모든 선의 근원이요, 모든 덕의 뿌리이니, 청렴하지 않고 수령 노릇 할 수 있는 자는 없다."

그는 벼슬이 아니라 백성을 위해 글을 썼다.

이재명 역시 시민의 고통을 외면하지 않았다. 그는 이메일을 공개하고, "부패즉사, 청렴영생腐敗卽死. 淸廉永生"이란 문구를 시청 화장실에 붙여 실천을 촉구했다.

오늘, 우리는 무엇을 기준으로 리더를 평가할 것인가? 출신인가, 철학인가, 아니면 실천인가?

정약용은 『목민심서』 부임편에서 이렇게 말했다.

"수령이 부임할 때 지나치게 치장하거나 사치하면 백성에게 부담이 되므로 절제해야 하며, 부임행차 때 비용을 줄여 백성의 고통을 덜어주는 일, 그것이 곧 정치의 시작이다."

이재명은 그렇게 되물었다.

"돼지와 사람의 차이는 무엇인가? 나는 누구를 위해 나의 행복을 포기할 것인가?"

이들의 삶은 결국 하나의 결론으로 수렴한다. 진정한 리더는 가진 것을 지키려는 사람이 아니라, 누군가를 위해 '자신'을 건넬 수 있는 사람이다.

핵심 문장

☑ 출신은 태생의 배경일 뿐이다.

☑ 진정한 리더십은 방향과 실천에서 증명된다.

시민 질문

☑ 나는 리더의 무엇을 보고 신뢰하는가? 출신인가, 철학인가, 실천인가?

"가난이 자랑도 아니지만, 부끄러운 것도 아닙니다. 가난 때문에 빨리 자랐고, 더 많이 세상을 알게 됐습니다. 제가 지금 정치를 하는 이유도, 제가 탈출했던 그 가난과 절망의 웅덩이 속에서 여전히 고통받는 분들께 공정한 세상, 희망 있는 세상을 만들어 주고 싶기 때문입니다."

– 이재명, 20대 대통령 선거 후보 방송 연설 중, 2022. 2. 22.

역경 속에서 피어난 현실정치

정치는 삶을 설계하는 사유에서 시작된다. 배움은 제도의 특권이 아니라, 현실을 응시하는 태도에서 자라난다. 사유는 고요한 책상이 아니라 고단한 삶 속에서 뿌리내리며, 철학은 질문하는 인간만이 도달할 수 있는 지점이다.

정약용과 이재명. 전혀 다른 시대를 살았던 두 사람은, 놀랍게도 '학문은 실천이어야 한다'는 동일한 원칙 위에서 만난다.

성호학파의 후예, 사유로 나라를 설계하다

다산이 살았던 시대는 민생은 도탄에 빠지고, 신앙의 갈등 현상이 팽배했으며, 사상적 다원화 현상이 점증했다(금장태, 『다산 정약용』 재구성). 이런 상황에서 다산 정약용은 다양한 학문과 사상을 폭넓게 수용하고 자신의 실학사상을 체계화하기 시작하였다. 그의 실학사상의 시작은 성리학의 이론적 틀을 넘어, 현실을 진단하고 제도를 고치는 데서 시작되었다. 그 사상적 출발점은 성호 이익이었다.

"성호 이익 선생의 유고를 처음으로 보았다. (중략) 자식들이나 조카들에게 항상 말하기를 '나의 미래에 대한 큰 꿈의 대부분은 성호 선생을 따라 사숙했던 데서 깨달음을 얻었다.'"(박석무, 『다산 정약용 평전』)

정약용은 경서를 읽되, 그것으로 나라를 다시 그리려 했다. 『경세유표經世遺表』에서 그는 행정 구조를 재편했고, 『목민심서』에서는 지방 수령의 윤리를 정리했다. 이 모든 저술은 단지 글쓰기가 아니라, 사유의 실천이었다. 그는 『목민심서』 서문에서 "수신修身과 목민牧民은 군자의 양대 학문"이라 했고, "치민治民하는 것이 바로 목민하는 것"이라 선언했다.

다산은 제도가 기후·문화·민생에 따라 조율되어야 한다고 보았고, 백성의 삶에 실질적 유익을 주는 행정을 구상했다. 물론 다산은 유교 질서를 넘어설 수 없었기에 점진적 개혁을 지향했지만, 그 한계 속에서도 그는 조선 후기의 사유 그릇을 가장 현실적으로 채운 실천가였다.

야밤의 배움, 현실을 깨우는 사유가 자라다

이재명의 배움은 학교가 아니라 야간 공장의 냄새 나는 밀폐 공간에서 시작되었다. 중학교조차 가지 못한 열세 살 소년은, 성남 공단에서 프레스를 돌리며 살아남았다. 그에게 유일한 배움터는 래커 칠 냄새 가득한 공장 한구석이었다.

학교 대신 공장에 있었지만, 책만은 놓지 않았다. 화학약품 냄새 가득한 공간에서 그는 읽고 또 읽으며 배움의 끈을 이어갔다(김민정·김현정, 『인간 이재명』 재구성).

그의 독서는 단지 시험을 위한 것이 아니었다. 그는 법을 배우며 사람의 권리를 사유했고, 특히 약자가 어떻게 보호받아야 하는지를 고민했다. 야밤의 배움은 단순한 지식 축적의 시간이 아니라, 현실에 대한 분석 능력과 저항의 감각을 키우는 '철학의 시간'이었다. 이러한 이재명의 배움의 태도는 단순한 지식 습득이 아니라, 억압받는 이들이 현실을 깨닫고 스스로 바꾸어가는 '비판적 교육'의 실천이었다.

그는 교실이 아닌 삶의 현장에서 이 정신을 직접 실천했고, 이렇게 말했다.

"정치는 아이디어 경진대회가 아니고 (중략) 용기와 결단의 문제이고, 강력한 추진력이 있어야 개혁 정책이 성공할 수 있습니다."(이재명, 20대 대통령 출마 선언문)

그의 배움은 이념을 위한 공부가 아니라 실천을 위한 무기였다.

학문의 태도: 누구를 위한 배움인가

정약용은 유배지에서도 하루도 빠짐없이 『예기』와 『독례통고』
를 읽으며, 아들에게는 다음과 같이 당부했다.

"문장은 반드시 먼저 경학經學으로써 근기根基를 확고히 세운 뒤
에 사서史書를 섭렵해서 정치의 득실과 치란治亂의 근원을 알아야
하며, 또 모름지기 실용적인 학문에 마음을 써서 옛사람들의 경제
經濟에 관한 서적을 즐겨 읽고서 마음속에 항상 만백성을 윤택하게
하고 모든 사물을 기르려는 마음을 둔 뒤에야 비로소 독서하는 군
자가 될 수 있는 것이다."(정약용, 두 아들에게 답함, 『다산시문집』)

그에게 학문이란, 권위를 세우는 장식이 아니라 백성을 위한 근
심의 연장이었다. 학문은 끊임없는 질문이며, 실천으로 나아가지
않으면 죽은 지식이라 보았다.

이재명 또한 배움을 '시민을 위한 무기'로 삼았다. 사법 시험에
합격한 뒤, 그는 그 지식을 개인의 성공이 아닌 공공의 권익을 위
한 실천으로 전환했다.

"대한 국민의 훌륭한 도구, 최고의 도구 이재명이 되고 싶습니
다."(이재명, 21대 대통령 출마 선언문)

결핍 속에 피어난 생각, 두 리더의 공통점

정약용은 풍족한 환경 속에서도 권력에 안주하지 않고, 실천적 학문으로 나아갔다. 이재명은 결핍의 환경 속에서도 절망에 무너지지 않고, 스스로 사고하는 힘을 키웠다. 두 사람은 자신이 처한 조건을 탓하지 않았다. 오히려 그 조건을 돌파구 삼아, 학문과 철학을 삶의 무기로 전환했다.

정약용은 유배지에서 "학문은 반드시 삶의 문제를 다룰 수 있어야 한다"고 했고, 이재명은 래커 냄새 속에서도 다음과 같이 말했다.

"배우지 못하면 자유로울 수 없습니다. 그러나 가난하다고, 기회가 없다고, 아무것도 할 수 없다고 믿는 순간 그 자유의 문은 완전히 닫힙니다."(이재명, 21대 대통령 출마 선언문)

사유는 특권이 아니라 실천이다.

두 사람 모두 배움의 의미를 '나를 위한 수단'이 아니라 '타인을 위한 무기'로 이해했다.

정치적 리더십의 그릇은 그 깊이를 '출신'이 아니라, 현실을 어떻게 응시했는가, 그 응시를 어떻게 실천으로 전환했는가로 채워나가야 한다.

"지금 제가 정치를 하는 이유도, 예전에 제가 빠져나온 그 가난과 절망 속에서 여전히 힘들게 살아가는 분들께 공정하고 희망 있는 세상을 만들어드리고 싶기 때문입니다."

– 이재명, 『결국 국민이 합니다』 재구성

시련을 통해 얻은 공감 능력

　고통은 인간을 부수기도 하지만, 때론 새로운 삶의 방향을 제시하기도 한다. 진정한 사유는 고요한 공간이 아니라, 흔들리는 삶의 중심에서 시작된다. 정약용은 유배의 길에서 자신을 다시 쓰기 시작했고, 이재명은 소년공의 고통 속에서 세상을 다시 보기 시작했다. 그들은 고통을 회피하지 않았고, 오히려 그 안에서 정치와 철학의 뿌리를 길어 올렸다. 그 뿌리는 책이 아니라 삶에서 자랐고, 지식이 아니라 실천으로 꽃피웠다.

유배의 첫날, 세상을 다시 보다

1801년, 신유박해가 시작되자 정약용의 삶은 뿌리째 흔들렸다.

형 정약종은 순교했고, 형 정약전은 흑산도로 유배되었으며, 자신은 강진으로 귀양을 떠났다. 단숨에 가족과 명예, 삶의 기반을 잃었다.

"약을 먹은 뒤로 건강은 대체로 회복되어 답답한 가슴과 몸을 펼 수 없던 증상은 나았지만, 왼팔은 여전히 예전처럼 회복되지 않았다. 그래도 시간이 지나면 차차 나아질 것이다. 하지만 이달에는 공적인 일과 사적인 일 모두 슬픈 일들이 겹쳐서 밤낮으로 울지 않을 수 없구나. 도대체 어떤 사람이 이런 고된 신세를 겪는단 말이냐."(정약용, 『유배지에서 보낸 편지』 중 두 아들에게 보내는 편지 재구성)

그런데 그는 무너지지 않았다. 오히려 유배지를 '철학의 실험실'로 바꾸었다. 경서와 역사서를 읽고 또 읽으며, 4서6경을 재해석하여 마음의 밭을 가꾸는 지혜서를 썼고, 1표2서를 통해 나라와 백성을 위한 개혁서를 저술했다.

정약용은 유배라는 고립과 단절의 상황 속에서도 자신의 삶과 사회를 되돌아보며 새로운 사유를 발전시켰다. 정약용은 고립 속에서 오히려 사회 개혁의 의지를 불태웠다.

정약용은 유배지에서 저술 활동에 집중하며 자신의 사상을 체계화했다. 정약용의 유배는 현실정치 참여가 봉쇄된 상황에서 지식인이 선택할 수 있는 또 다른 형태의 사회 참여였다고 볼 수 있다.

그의 철학은 권력의 중심에서 자라지 않았다. 오히려 침묵의 변방, 고립의 강진에서 생겨났다. 유배는 끝이 아니라 시작이었다. 고통은 그에게 스승이 되었고, 절망은 새로운 사상의 문을 열었다.

쇠붙이와 약품 사이, 철학은 움텄다

이재명에게 고통은 더 빠르고, 더 가혹하게 다가왔다. 중학교에도 가지 못한 채, 열세 살에 성남 상대원동의 공장에서 소년공으로 일했다. 고무, 황동, 아세톤, 염산, 그의 몸은 산업화의 부산물 속에서 망가져 갔다. 프레스 기계에 팔이 끼어 뼈가 으스러졌고, 병원에서는 '장애 6급' 진단을 내렸다.

"프레스에 다쳐 굽어진 팔 하나. 누군가에겐 장애일 수 있지만, 나에겐 내가 살아온 삶의 증거다. 고통 속에서 세상을 배웠고, 그 굽은 팔은 지금도 나에게 묻는다. '넌 누구를 위해 정치를 하고 있느냐'고."(이재명, 『이재명의 굽은 팔』 재구성)

후각 손실, 그리고 끝없는 가난. 그러나 그는 그 고통을 침묵하지 않았다. 래커 냄새가 진동하는 작업장의 밀폐된 방 안, 그는 그곳에서 검정고시와 사법고시를 준비했다.

이재명의 고통은 산업화 시대 노동자의 소외와 착취의 일면이었다. 산업화 과정에서 노동자가 겪는 소외와 착취는 인간의 존엄성 훼손으로 결과적으로 사회적 불평등을 심화하는 요인이기도 하다. 이재명은 일찍이 소년공 시절의 경험을 통해 노동자의 현실을 깨닫고, 사회적 약자를 위한 정치적 신념을 키웠다. 이재명은 제도권 안에서 사회적 약자를 위한 정책을 추진했다.

이재명은 자신의 과거를 거울삼아 변호사로 노동자의 권리 보호를 위한 법적 투쟁과 제도 개선을 통해 사회적 약자를 도왔다.

"재난이나 사회적 위기 때 피해를 입는 것은 힘겹고 못 살고 어려운 사람 순이에요."(이재명, 21대 대통령 출마 선언문)

고난은 철학이 되는 길이다

정약용은 유배에서 고개를 들었고, 이재명은 공장에서 책장을 폈다. 둘은 고통을 견디는 데서 멈추지 않았다. 그 고통의 원인을 분석했고, 그 고통이 반복되지 않도록 제도를 고민했다. 정약용은 "정치는 백성을 편하게 하는 기술"이라고 했고, 이재명은 "정치는 고통받는 사람들의 구조 요청에 응답하는 실천"이라고 말했다. 정약용의 철학은 제도를 다시 짜는 글이 되었고, 이재명의 분투는 정책으로 이어졌다. 이들의 철학은 감정이 아니라 구조를 바꾸기 위한 도구였다. 말과 글을 넘어선 실천이었다.

오늘, 우리는 무엇을 배울 것인가

정약용의 철학은 백성을 향했다. 『목민심서』는 공직자에게 '청렴은 생명줄'이라고 선언한다. 이재명의 실천은 시민의 고통을 직접 마주하는 용기로 이어졌다. 그는 이렇게 말했다.

"국가는 국민을 위한 도구이며, 국민의 삶을 지탱하지 못하면 존재 이유를 상실한다."(김민정·김현정, 『인간 이재명』 재구성)

두 사람 모두 고통을 개인의 상처로 머물게 하지 않았다. 고통에서 사유를 길어 올렸고, 그 사유를 실천으로 확장했다.

그들의 철학은 감상이 아니라 제도였고, 연민이 아니라 개입이었다. 정치란 결국, 누구의 고통에 응답하고 있는가라는 질문에서 출발해야 한다.

☑ 정치란 고통을 공감하는 능력이며, 그 공감을 실천으로 바꾸는 기술이다.

☑ 리더십의 깊이는, 고통을 견딘 시간만큼 자란다.

☑ 나는 누군가의 고통을 어떻게 바라보는가?

☑ 그 고통을 지나치지 않는 리더를 원하고 있는가?

이로 인해 금년은 정말 살 길 막막하다此事今年定未活
나졸놈들 문밖에 들이닥칠까 겁날 뿐只怕邏卒到門扉
관가 곤장 맞을 일 걱정일랑 하지 않네不愁縣閤受笞撻
어허 이런 집들이 온 천하에 가득한데嗚呼此屋滿天地

– 정약용, 교지를 받들고 지방을 순찰하던 중 적성의 시골집에서 짓다,
『다산시문집』

소외된 자를 위한 지식의 힘

배움은 단지 출세를 위한 사다리가 아니다. 진정한 배움은 세상을 바꾸기 위한 내면의 연마이며, 때로는 불합리한 사회를 향한 조용한 반란이 된다. 정약용과 이재명. 전혀 다른 시대를 산 두 사람은 각기 다른 책상을 마주했지만, 그 배움은 공통된 목적지를 향했다. 세상을 다시 쓰기 위한 무기. 그들에게 배움이란 곧 정치의 철학이자 실천의 밑그림이었다.

실학과 사서, 현실을 꿰뚫는 지식의 힘

정약용의 배움은 단순한 독서가 아니었다. 그는 유교의 이론을 암송하는 데 머무르지 않고, 경전의 세계에서 현실로 걸어 나왔다. 열 살부터 경서와 고문을 부지런히 읽었다는 그에게 책은 문자로 된 세상이 아니라, 백성을 위한 언어였다. 성호학파의 영향을 받은 그는 '실학實學'의 전통을 잇고 확장했다.

실학은 현실에 이로운 학문을 뜻했고, 정약용은 이를 제도 설계의 도구로 활용했다. 그는 『경세유표』를 통해 조선의 중앙행정 체계를 다시 설계하고, 『목민심서』에서는 지방행정과 공직윤리를 체계화했다. 그는 『목민심서』 서문에서 "수기修己의 학을 공부하였다. 다시 백성을 다스림은 학문의 반이라 하여"라고 하며, 배움은 단순한 수양을 넘어 백성을 위한 실천으로 나아가야 한다고 강조했다. 『목민심서』에서는 수령이 배워야 할 항목들을 조목조목 설명하며, 배움 없는 정치가 어떻게 무지와 폭정을 낳는지를 경고한다. 배움은 그에게 권력의 장식이 아니라, 백성을 지키는 철학의 근거였다.

정약용은 지식을 통해 현실을 분석하고 제도를 설계함으로써, 당시 사회의 권력 구조에 개입하고자 했다. 그의 실학은 유교적 권위주의에 도전하고 새로운 사회 질서를 모색하는 지적 투쟁이었다. 그는 지식을 통해 사회를 개혁하고자 하는 실천적 의지를 강조했다.

정약용의 지식은 현실 문제를 해결하고 백성의 삶을 개선하기 위한 도구였으며, 지식의 객관성과 실천적 가치를 강조하였다.

이재명의 배움은 전혀 다른 조건에서 시작되었다. 성남 상대원동의 소년공으로, 그는 중학교도 가지 못한 채 기계와 싸우는 삶을 살았다. 손목이 프레스 기계에 끼어 장애 6급 판정을 받았고, 염산과 래커 냄새로 후각을 일부 잃었다.

그러나 그는 그 현실에 무너지지 않았다. 배움은 그의 생존 수단이자 유일한 희망이었다. 독학으로 배운 한 글자 한 글자가, 권력과 사회 구조를 이해하는 언어가 되었다. 그는 헌법책을 손에서 놓지 않았고, 일기장을 통해 스스로를 단련했다.

"나는 사법고시를 봐 변호사가 되어야겠다. 변호사가 되어 힘없는 사람들을 도와주고, 어둠 속에서 고생하는 사람들에게 밝은 빛이 되어야겠다."(김민정·김현정, 『인간 이재명』 재구성)

일기장은 단순한 감정의 표출이 아니었다. 그것은 청년 이재명이 정치적 자각을 쌓아가는 철학노트였다. 그는 사회복지, 노동법, 지방자치법을 차례로 독파하며, 약자를 위한 정책의 가능성을 모색했다. 그 배움은 결국 성남 시정과 경기도 행정으로 이어졌다.

무상복지, 청년배당, 기본소득 실험 등은 단순한 '복지 퍼주기'가 아니었다. 그것은 헌법 제34조 2항, "국가는 사회보장·사회복지의 증진에 노력할 의무를 진다"는 조항을 현실로 가져온 실천이었다.

이재명의 배움은 민생현장에서의 저항의 산물이다. 자기중심적 기득권 시각에 맞서 이재명 자신의 삶 속의 경험과 치열함을 통해 권력에 저항하는 방식이었다.

그는 소년공 시절의 경험과 독학의 배움을 통해 사회적 약자의 현실을 깨닫고, 법을 통해 사회를 변혁하고자 했다. 그의 배움은 억압받는 자의 목소리를 대변하고 불의한 현실을 고발하는 저항의 무기였다. 이재명은 제도권 안에서 사회적 약자를 위한 정책을 추진했다. 이재명의 배움은 억압받는 자의 시각에서 현실을 분석하고 제도 개선을 통해 사회적 약자를 돕고자 하는 실천적 목표를 지향했다.

배움은 왜, 그리고 누구를 위해 하는가

정약용과 이재명의 배움은 공통된 철학으로 연결된다. 배움은 '자신을 위한 지식'이 아니라, '타인을 위한 도구'가 되어야 한다는 것. 정약용은 배움을 곧 정치의 수련이라 보았다. 『목민심서』에서는 학문이 수령의 인격을 가꾸고 행정을 바로잡는 뿌리임을 강조한다. 이재명 또한 같은 맥락에서 말했다.

"나는 재벌이나 기득권층을 무작정 비난하지 않습니다. 중요한 건 정당하고 공정한 방법으로 그 자리에 올라야 하고, 그 자리에 오른 사람은 마땅히 책임과 의무도 함께 져야 한다는 점입니다."(김민정·김현정, 『인간 이재명』 재구성)

특히, 그는 자신의 정책이 "어느 법 조문에 근거해 추진되는가"를 시민 앞에서 조목조목 설명할 수 있어야 한다고 믿었다. 그리고 그는 이렇게 선언했다.

"진짜 대한민국. 그 '민民' 자는 백성이다. 평범한 사람들. 그 평범한 사람들이 주인이 되는 나라를 만들고 싶다. 그 국민의 훌륭한 도구, 최고의 도구 이재명이 되고 싶다."(이재명, 21대 대통령 출마 선언문)

정치인으로서 그는 지식을 정책으로 번역했고, 법을 제도로 옮겼다. 배움은 그에게 약자를 위한 무기였고, 권력을 감시하고 제어하는 수단이었다.

배움이 무기가 될 때, 정치는 달라진다

정약용은 제도를 설계했고, 이재명은 그 제도를 현실에서 집행했다. 한 사람은 유배지에서, 다른 한 사람은 공장에서 배웠다. 하지만 그 둘 다 배움을 멈추지 않았다. 배움은 삶의 도피처가 아니라, 현실에 맞서는 설계도였다. 그들의 배움은 삶에서 출발했고, 백성을 향했고, 제도로 이어졌다.

정약용의 실학은 제도의 초석이 되었고, 이재명의 배움은 정책의 실험이 되었다. 배움은 단지 글자를 아는 것이 아니라, 고통의 구조를 해석하고 대안을 설계하는 능력이다. 그 배움이 무기가 되는 순간, 정치는 단지 말의 예술이 아니라, 삶을 바꾸는 기술이 된다.

☑ 배움은 나를 위한 무기가 아니라,

☑ 세상을 바꾸는 실천의 기술이 되어야 한다.

시민 질문

☑ 나는 지금 무엇을 배우고 있는가?

☑ 그 배움은 나를 넘어, 누구를 위한 것인가?

아침 해 남아 있는 눈을 녹이니 旭日融餘雪

갠 창 떨어지는 물방울 소리 晴窓有滴聲

독서란 본디부터 흥미 가질 만 讀書元可樂

세상 경영 그 어찌 명예로 하랴 經世豈由名

– 정약용, 봄날 담재에서 글을 읽으며, 『다산시문집』

누구를 위한 정치인가

　정치의 본질은 권력이 아니라, 사람의 고통에 응답하는 실천이다. 정치는 어느 날 갑자기 시작되지 않는다. 거대한 이념이나 거창한 사명이 아닌, 한 사람의 마음속에 스며드는 작고 조용한 질문에서 출발한다. 정약용과 이재명. 시대도 출신도 다르지만, 그들의 정치는 같은 질문에서 시작되었다.

　"정치는 누구를 위한 것인가?"

　이 물음은 삶의 부조리 앞에서 솟아올랐고, 고통의 현장에서 구체화되었으며, 결국 철학과 실천의 원천이 되었다. 정치의 본질이 권력이 아니라 '사람'이라면, 그 정치의 출발선도 바로 '사람의 고통'이어야 한다.

정약용은 태생부터 학문을 위한 사람이었다. 그는 경서에 능했고, 성균관 유생 시절부터 '천재'라는 평가를 받았으며, 정조의 총애를 받으며 규장각의 핵심 인물로 성장했다. 하지만 그는 학문을 출세의 사다리로 삼지 않았다. 오히려 그 학문을 백성의 고통을 덜기 위한 도구로 여겼다.

"나는 수기修己의 학문을 익혔고, 다시 백성을 다스리는 일을 학문의 반이라고 하여, 이에 옛날 사목司牧들이 백성을 다스린 자취를 골라내어, 백성의 고통을 덜기 위해 이것을 편집하였다."(정약용, 『목민심서』 서문)

정약용은 문장의 완성보다, 제도의 개선을 우선했다. 그에게 정치는 삶을 바꾸는 기술이었다. 『목민심서』는 수령의 자질과 책임을 정리한 매뉴얼인 동시에, 백성에게 정치를 돌려주려는 선언문이었다.

"난리가 미치지 않는 지방에서는 백성을 위로하여 편안하게 하며, 인재를 기르고 농사를 권장하여 군사의 부담을 넉넉하게 하는 것 역시 지방을 지키는 수령의 직책이다."(정약용, 『목민심서』 공전)

그가 『목민심서』를 쓴 이유는 단순하지 않았다. 그것은 제도를 고치는 설계서이자, 백성에게 정치를 돌려주려는 선언문이었다.

"정치는 글이 아니라 삶이어야 한다"는 그의 철학은 지금도 유효한 질문으로 우리에게 다가온다.

정약용의 이러한 문제의식은 정치철학의 오랜 질문, 즉 '정의란 무엇인가?'와 연결된다. 다산은 '제 몫'이 단순히 사회적 지위나 재화 분배가 아니라, 인간다운 삶을 보장하는 제도와 연결되어야 한다고 생각했다. 그는 추상적 정의가 아닌, 현실 개혁으로 이어지는 정의를 추구했다.

다산은 공동체적 가치와 사회적 책임을 강조했다. 특히, 그는 당시 조선 사회의 현실을 고려하여, 신분 질서 안에서의 정의로운 분배와 백성의 삶을 개선하는 실질적인 제도 개혁을 추구했다.

이재명의 시작, 가난 속 분노에서 깨어난 시민 감각

이재명의 정치적 자각은 책상 위가 아닌, 공장 바닥에서 시작되었다. 열세 살, 그는 프레스 기계에 팔이 끼어 장애를 입고, 염산과 래커 냄새로 후각의 절반을 잃었다. 그 고통 속에서 그는 가장 본질적인 질문을 품기 시작했다. "왜 누구는 말조차 할 수 없는가?"

"법은 누구에게나 공정해야 합니다. 모두에게 똑같이 적용되어야 진짜 법입니다. 소수의 이익을 위해 다수가 피해를 본다면, 그것은 결코 정의라고 할 수 없습니다."(이재명, 『함께 가는 길은 외롭지 않습니다』재구성)

그의 질문은 분노에서 시작되었지만, 곧 철학이 되었다. 아버지는 가족을 돌보지 못했고, 학교 대신 공장이 그의 삶의 배경이 되었다. 그곳에서 그는, '말을 해도 들어주지 않는 사회'가 존재한다는 사실을 깨달았다. 이재명은 '정치는 말할 수 있는 자의 특권'이라는 것을 체감했다.

그러나 그는 입을 다물지 않았고, 헌법을 펴 들었다. 헌법 제1조 2항 "대한민국의 주권은 국민에게 있고, 모든 권력은 국민으로부터 나온다." 이 조항은 단지 법조문이 아니라, 그의 정치적 삶을 이끈 선언이 되었다. 그는 배움을 시작했고, 사법 시험에 합격했다.

그러나 그의 정치 출발은 개인의 성공이 아니라, "나처럼 가난 때문에 고통받는 사람이 다시는 생기지 않으려면, 세상을 움직이는 제도부터 바뀌어야 한다."(김민정·김현정, 『인간 이재명』 재구성)는 확신에서 출발했다.

이재명은 법적으로 인간의 존엄성과 실질적 자유를 실현하기 위해 사회가 다양한 삶의 기회를 보장해야 한다고 생각했다. 그는 법적 평등을 넘어, 실질적으로 사회적 약자가 인간다운 삶을 영위할 수 있도록 제도를 바꾸어야 하는 것은 당연하다고 생각했다. 이재명은 한국 사회의 구조적 모순을 타개하는 데 집중했다.

정약용은 『목민심서』에서 수령이 갖춰야 할 자질을 말하며, 신분이나 출신이 아니라 '백성을 향한 감수성'을 강조했다.

"약한 백성 고통을 그 누가 알아주리."(정약용, 파지리波池吏, 『다산 시문집』)

이재명 역시 스스로를 '머슴'이라 불렀다.

"그래서 나는 정치인을 머슴이자 살림꾼이라고 생각한다. 정치인은 머슴처럼 우직해야 하고, 살림꾼처럼 부지런해야 한다."(이재명, 『함께 가는 길은 외롭지 않습니다』)

그리고 그는 한마디로 이렇게 말했다.

"정치는 삶을 바꾸는 실천이어야 합니다."(이재명, 21대 대통령 출마 선언문)

두 사람의 철학은 하나의 핵심으로 수렴된다. 정치는 권력의 기술이 아니라, 고통을 줄이는 기술이다. 정치는 누구를 위한 것인가? 이 질문 앞에서, 두 사람은 모두 '사람'을 선택했다. 학자와 노동자, 유배인과 변호사, 조선과 대한민국, 배경은 달랐지만, 이 질문에 대한 답은 같았다.

그 첫 질문은 아직도 유효하다

정약용과 이재명은 정치의 출발을 "사람의 삶을 바꾸는 일"이라 보았다. 정약용은 정치를 글로 썼고, 이재명은 정치를 정책으로 실현했다. 그러나 그 근본에는 언제나 이 질문이 있었다.

"정치는 누구를 위한 것인가?"

오늘날 우리는 여전히 이 질문 앞에 서 있다. 정치는 누구의 목소리를 듣고 있는가? 그 정치인은 누구의 삶을 바꾸고 있는가? 우리는 단지 '말을 잘하는 사람'을 리더로 뽑는가, 아니면 '고통의 언어'를 이해하는 사람을 찾고 있는가? 정치가 국민을 위한다고 말하는 시대, 그 말이 진심인지 아닌지를 가르는 것은 행동이다.

우리는 이제 리더의 출신보다 '그 질문에 어떻게 답했는가'를 보고 판단해야 한다.

☑ 정치의 본질은 백성이다.

☑ 정치는 권력이 아니라, 사람의 고통에 응답하는 실천이어야 한다.

시민 질문

☑ 나는 지금 어떤 정치를 원하고 있는가?

☑ 그 정치는 나의 삶을 얼마나 듣고, 응답하고 있는가?

"촛불혁명으로 세상이 바뀌는 줄 알았지만, 권력은 바뀌었는데 왜 나의 삶은 바뀐 게 없느냐. 이제는 새로운 민주주의, 국민이 직접 참여하는 '현장의 민주주의'를 시작해 봅시다. 결국은 국민이 하는 것입니다. 국민의 명령을 충실히 이해하고 이행하는, 진정한 민주국가, 민주공화국 대한민국을 함께 만들어 갑시다."

– 이재명, 윤석열 대통령 탄핵소추안 가결 직후 연설, 2024. 12. 14.

왜 정치를 선택했는가

정치는 타인의 명령이 아니라, 스스로에게 던지는 질문에서 시작된다. 그 질문에 대한 응답이 곧 리더십이다. 질문 없는 리더십은 존재하지 않는다. 정치란 무엇인가? 어떤 사람은 그것을 권력이라고 말하고, 또 어떤 사람은 봉사라 말한다. 하지만 정약용과 이재명, 이 두 사람에게 정치란 무엇보다도 '자신에게 던진 질문에 대한 응답'이었다.

정약용, 붓을 통해 시작된 정치의 소명

정약용은 어린 시절부터 남다른 재능을 보였고, 학문적 성취도 누구보다 앞섰다. 그러나 그는 단순한 유학자가 되기를 거부했다.

그가 진정으로 알고 싶었던 것은 사람의 삶이 왜 이토록 고단한가 였다. 그 질문은 일찍이 『경세유표』 서문에도 스며 있다.

"법을 고치지 못하는 것과 제도를 변경하지 못하는 것은 일체 본인이 현능하거나 어리석은 데에 연유한 것이지, 천지의 이치가 원래부터 변경함이 없고자 한 것은 아니었다." 백성들의 삶 속의 온갖 폐단은 법과 제도의 부재에서 비롯되며, 고통은 제도를 설계 한 자의 무책임에서 나온다는 것을 강조하고 있다.

그는 유배지에서조차 학문을 멈추지 않았다. 왜 그랬을까? 정약 용에게 글쓰기란 단지 생각을 남기는 일이 아니었다. 백성을 위한 '제도 설계'였고, 그의 글은 실천을 위한 도면이었다. 백성을 위한 구조 설계였다. 그가 선택한 길은, 책상이 아니라 황야에 있는 백 성들이었다.

이재명, 고통에서 솟아오른 생존의 철학

이재명의 정치 출발은 화려하지도, 거창하지도 않았다. 소년 공 으로 살아야 했던 그는, 누구에게도 리더로 기대되지 않는 삶의 언저리에 있었다. 학력도, 배경도, 후원자도 없었다.

그러나 그 고통 속에서 그는 스스로에게 질문을 던졌다. "나는 왜 태어났는가? 나는 무엇을 위해 견디는가?"

"정치인은 멀리서 비추는 등대가 아니라, 그 등대에 불을 밝혀 주는 사람이다. 정치는 결국 사람이 하는 일이기에, 정치의 핵심도 '사람을 이해하는 일'이어야 한다."(김용민, 『마이너리티 이재명』 재구성)라고 하였다. 어린 시절, 누구도 그를 리더로 기대하지 않았다. 장애를 입은 청소년, 고졸 자격도 없이 공장에서 철가루를 들이마시던 노동자, 그러나 바로 그 순간, 그는 삶을 되물었다. "나는 누구인가?

1986년 사법 고시에 합격한 이재명은《경인일보》인터뷰를 통해 성남에서 변호사 사무실을 열어 억울한 사람들을 돕겠다는 포부를 밝힌다. 소년공 시절에 수많은 사회 부조리를 겪은 그는 전문 지식을 갖춘 인권 변호사가 되어 약한 사람들을 돕겠다는 목표를 세웠다.

이재명은 자신이 겪은 지난날의 고통은 이제 끝내야 한다고 생각했다. 세상이 달라지지 않으면, 본인 같은 사람이 또 생긴다고 생각했다.

그래서 정치의 길을 선택했다. 이재명의 정치참여는 거창하지도 화려하지도 장엄하지도 않았다. 그가 살아온 인생과 그가 사유해 온 상식이 응축된, 소박하지만 절박한 소망이었다.

정치란 처음부터 누군가에게 정해진 길이 아니다. 정약용에게 그것은 학문에서 현실로의 전환이었고, 이재명에게 그것은 절망 속에서 끌어올린 생존의 철학이었다.

두 사람 모두 정치란 삶의 상처에 응답하는 선택이었다. 그리고 그 선택은 단순한 진로나 전략이 아니라, 끊임없이 질문하고 응답하는 깨어 있는 의식의 여정이었다.

정약용은 유배지에서, 백성을 위한 제도 설계를 멈추지 않았다. 이재명은 공장에서, 헌법과 일기를 무기로 다시 일어섰다. 그들은 모두 말로써가 아니라 실천으로, 글로써가 아니라 정책으로, 정치의 본질을 증명했다.

- ☑ 정치는 누가 시켜서 가는 길이 아니다.
- ☑ 스스로에게 묻고, 스스로 답하는 길이다. 질문 없는 리더십은 없다.

- ☑ 나는 지금 어떤 질문을 나 자신에게 던지고 있는가? 그 질문은 나의 길을 어디로 이끌고 있는가?
- ☑ 리더가 스스로에게 던진 질문의 무게를 우리는 믿을 수 있는가?

의로 인거 어디인지 갈피를 못 잡고서 迷茫義路與仁居

그 길을 찾으려고 약관 시절에 방황했지 求道彷徨弱冠初

이 세상 모든 일을 모두 다 알 양으로 妄要盡知天下事

책이라고 생긴 것은 다 읽기로 생각했다네 遂思窮覽域中書

– 정약용, 의로 인거 어디인지 갈피를 못 잡고서, 『다산시문집』

정약용의 10대 개혁

(황해도 곡산 부사 시절)

다산 정약용은 1797년 36세 때 반대파에 의해 천주교를 믿는다는 참소를 받고 동부승지를 사직하였다. 사직 후 한 달 만에 정조는 그를 황해도 곡산 부사로 임명하였다. 그는 재임 시절, 탁월한 행정 능력과 백성을 향한 깊은 애민정신을 바탕으로 다음과 같은 10가지의 괄목할 만한 업적을 남겼다.

1. 부당한 관행 철폐: 이웃 고을과의 불합리한 금전 거래 관행을 과감히 폐지하여 백성의 부담을 덜었다.
2. 공정한 세금 징수: 관찰사 관청의 과도한 꿀 세금 징수를 공문 기준에 맞춰 시행하여 백성의 경제적 어려움을 해소했다.
3. 미제 살인사건 해결 및 치안 확보: 곡산 백성 살인사건의 범

인을 밝혀내 고을의 안전과 질서를 확립했다.

4. 유배인 지원 시설 마련: 귀양 온 이들을 위한 '겸재원'을 설치하여 실학자의 인도주의적 정신을 실천했다.

5. 저비용 고효율 청사 신축: 낡은 관아를 수원 화성 건축 기술을 활용, 최소 비용과 노동력으로 재건했다.

6. 정밀 호구조사를 통한 공평과세: 정확한 호구 조사를 기반으로 공정하게 세금을 부과하여 백성의 신뢰를 회복했다.

7. 관고 운영 절차 합리화: 비축 재산 운영 기준을 정비하여 부정부패의 여지를 원천 차단했다.

8. 과거 응시 자격 정비: 실력 없는 자의 무분별한 과거 응시를 막고, 진정한 인재 선발을 위한 기준을 마련했다.

9. 전염병 대응 의서 집필: 백성의 건강 보호를 위해 실용 의학서 『마과회통』을 저술하여 공공 보건의 기틀을 마련했다.

10. 농업 개혁안 상소: 농민의 사회적 지위, 낮은 농업 수익성, 고된 노동 문제점을 지적하고 개선 방안을 담은 『응지논농정소應旨論農政疏』를 왕에게 올렸다.올렸다.(박석무, 『다산 정약용 평전』, 재구성)

이러한 업적들은 다산 정약용이 단순한 학자를 넘어, 백성의 삶을 실질적으로 개선하고자 노력한 뛰어난 지도자였음을 증명한다.

Chapter 2

절망 속에서도
꺼지지 않은 신념

세상을 다스릴 뜻 진지하기는 拳拳經世志

나는야 반계옹을 보았을 따름 獨見磻溪翁

은거하여 이윤 관중 흠모했지만 深居慕伊管

이름 소문 왕궁과 너무 멀었네 名聞遠王宮

큰 강령은 균전법 시행에 있어 大綱在均田

천만 개의 그물눈 서로 통했네 萬目森相通

– 정약용, 화폭에 쓰다 題畫, 『다산시문집』

행동으로 외치는 진심

진짜 리더는 말이 아니라, 고통을 감당한 몸으로 증명된다. 고통은 피할 수 있다. 그러나 어떤 사람은 고통을 감당한다. 누구나 억울하고 지치고 아플 수 있지만, 그 고통을 어떻게 감내하느냐에 따라 인간의 품격, 그리고 리더의 자격이 갈린다. 정약용은 유배를 받아들였고, 이재명은 단식을 멈추지 않았다. 그들에게 고난은 단순한 운명이 아니라, 정치적 결단이자 철학적 실천의 방식이었다. 그들은 말보다 몸으로 증명했고, 고통 속에서 정치의 진정성을 새겼다.

정약용, 유배 속에서 철학을 쓰다

1801년, 신유박해. 정조의 갑작스러운 죽음과 함께 정국은 급변했고, 정약용은 천주교 관련 혐의로 강진에 유배되었다. 왕의 총애를 받던 실학자는 하루아침에 역적으로 몰렸고, 벼슬길은 끊겼으며 집안은 풍비박산이 되었다.

"절대로 자포자기하지 말고 성의를 다하고 부지런히 힘써서, 책을 읽고, 책을 베끼고, 글을 짓는 일에 혹시라도 방과放過함이 없어야 할 것이다. 폐족廢族으로서 글을 배우지 않고 예의가 없다면 어찌하겠느냐."(정약용, 두 아들에게 답함, 『다산시문집』)

강진 다산초당. 정약용은 유배지에서 무려 600여 권이 넘는 저술을 남겼다. 4서5경과 『경세유표經世遺表』, 『목민심서牧民心書』, 『흠흠신서欽欽新書』 등이 모두 이 고립의 공간에서 탄생했다. 그는 자신의 고통을 헛되이 흘려보내지 않았다.

고요하고 후미진 강가의 집에江居頗靜僻
하루 종일 들리네 글 읽는 소리盡日讀書聲
– 정약용, 박군 두채에게 주다, 『다산시문집』

그는 유배지에서 하루도 헛되이 보내지 않았다. 책을 읽고, 제도를 고치고, 백성을 생각했다. 그의 철학은 격정이 아니라, 성찰에서 나왔다. 유배는 유폐가 아니라 자유를 되찾는 과정이었다. 침묵 속에서 그는 글로 말했고, 그 글은 백성을 위한 제도로 구체화되었다. 정약용에게 고통은 스승이었고, 정치란 고통을 언어로 번역하는 일이었다.

정약용은 유배라는 고통스러운 상황을 받아들이고, 그 안에서 자신의 학문적 역량을 발휘하여 백성을 위한 저술 활동에 매진했다. 그는 현실정치에 대한 비판적 시각을 유지하며 사회 개혁의 의지를 불태웠다.

특히, 정약용은 유배라는 고립된 상황에서도 현실정치에 대한 깊은 통찰을 바탕으로 백성의 삶을 개선하기 위한 실질적인 제도 개혁 방안을 제시했다.

이재명, 단식으로 정치를 말하다

2023년 8월 31일, 이재명 더불어민주당 대표는 윤석열 정부의 국정 운영과 검찰 수사의 편파성에 항의하며 무기한 단식에 돌입했다. 그는 단식 선언문을 통해 이렇게 밝혔다.

"나는 도망치지 않는다. 민생을 망치는 정치에 맞서 온몸으로 저항하겠다."

이 단식은 단순한 정치 퍼포먼스가 아니었다. 그는 하루이틀이 아닌 무려 24일간 단식을 이어갔고, 그 끝에는 9kg의 체중 감소, 간 수치 위험 수위 상승, 의식 소실이라는 혹독한 대가가 뒤따랐다.

단식 19일째, 그는 결국 병원으로 긴급 이송되었고, 9월 23일 의료진의 권고에 따라 단식을 중단했다. 그러나 회복 후 다시 기자들 앞에 선 그는, 지팡이에 의지하고 메마른 입술로 말했다.

"정치는 사람을 위한 일이다. 그 믿음을 멈출 수 없다."

이재명은 이번 단식을 통해 세 가지를 분명히 요구했다.

첫째, 민생과 민주주의를 훼손한 것에 대해 윤석열 대통령이 직접 국민 앞에 사과할 것을 요구했다. 둘째, 일본의 후쿠시마 오염수 방류에 대해 명확히 반대 입장을 밝히고, 이를 국제해양법재판소에 제소하여 국제적 대응에 나설 것을 촉구했다. 셋째, 현 국정 운영의 실패를 인정하고 전면적인 국정 쇄신과 함께 대대적인 개각을 단행할 것을 강력히 요구하며 단식을 이어갔다. 그는 "정치는 현장이다. 국민들의 삶을 놓고 실제로 그 삶을 결정하는 것이다"(이재명, 21대 대통령 출마 선언문)라고 하였다.

그러나 단식 내내 여당 지도부는 무대응으로 일관했고, 일부 인사들은 그의 행동을 '웰빙 단식'이라 조롱하며 정치의 비정함을 드러냈다. 그럼에도 불구하고 이재명은 단식을 통해 정치의 본질, 즉 "고통에 응답하는 책임"이라는 메시지를 반복해서 전했다.

이재명의 단식은 그 자체로 하나의 정치적 언어였다. 이는 마하트마 간디가 사용한 비폭력 저항의 방식, 즉 단식을 통한 도덕적 설득과도 닮아 있다. 물론 식민 지배에 저항했던 간디와, 제도권 정당 지도자로서 개혁을 촉구한 이재명의 맥락은 다르지만, '몸을 던져 정의를 호소한다'는 점에서는 같은 철학적 지점을 공유한다.

결국 이재명의 단식은 '나를 살리기 위한' 것이 아니라 '정치를 되살리기 위한' 몸부림이었다. 그가 보여준 24일의 침묵은 정치란 무엇을 위해 존재하는지를 묻는 몸의 언어였고, 책임을 피하지 않겠다는 실천의 선언이었다. 이 단식은 한국 정치사에서 단순한 기록이 아니라, "정치는 사람을 위한 일"이라는 신념의 실천으로 기억될 것이다.

고통은 퍼포먼스가 아니다, 진정성의 무게

정약용의 유배, 이재명의 단식. 두 사람은 시대도 다르고 방식도 달랐다. 그러나 한 가지는 같았다. 그 고통은 보여주기 위한 퍼포먼스가 아니라, 신념을 증명하는 도구였다.

정약용은 유배 중에도 단 한 번도 자신이 억울하다고 외치지 않았다. 오히려 그는 침묵했고, 그 침묵 속에서 『목민심서』와 같은 정치 윤리의 교과서를 써내려갔다. 그는 말 대신 글로 진심을 말했다.

이재명 역시 단식 중에도 정부를 향해 자극적인 언어를 사용하지 않았다. 그는 '정치는 국민의 고통에 책임지는 일'이라는 메시지를 일관되게 유지했다. 고통은 그들에게 연민을 구하는 방식이 아니라, 실천의 방식이었다. 몸을 던져야 할 때, 말을 줄이는 것. 그건 진짜 리더만이 할 수 있는 결단이다. 그들에게 고통은 연민을 유도하는 수단이 아니라, 실천의 방식이었다.

리더는 언제 말하고, 언제 침묵하는가

정약용은 유배지에서 침묵을 선택했다. 그러나 그는 침묵 속에서 가장 큰 목소리를 준비하고 있었다. 그가 벼슬을 내려놓고 택한 것은 지식인의 책임이었고, 글로써 정치에 참여하는 방식이었다.

이재명은 단식을 통해 몸으로 말했다. 단식을 멈춘 뒤 그는 다시 거리로 나섰고, 검찰 수사와 정적의 공격 앞에서도 피하지 않았다. 그의 말은 몸을 통과하면서 더 강해졌다. 고통은 언어의 진정성을 부여하는 장치가 되었고, 그 말에는 행동의 무게가 실렸다.

리더는 단지 말로 설명되는 존재가 아니다. 리더는 침묵해야 할 때를 알고, 감내해야 할 고통을 회피하지 않는 사람이다.

고통 이후, 남는 것

정약용은 유배를 통해 특히,『목민심서』라는 공직자의 헌장을 남겼고, 이재명은 단식을 통해 '시민 중심 정치'라는 메시지를 새겼다.

둘은 모두 권력을 향해 달려간 것이 아니라, 고통을 감당하는 방식으로 리더십을 증명했다. 그들에게 정치란 권위를 세우는 일이 아니라, 고통받는 사람들의 이름을 부르고 책임지는 일이었다.

진짜 리더는 완벽한 존재가 아니다. 그는 자신의 신념을 위해 고통을 감당할 준비가 된 사람이다. 그리고 그 고통을, 사회의 언어로 바꿔내는 사람이다.

☑️ 진짜 리더는 말이 아니라, 고통을 감당한 몸으로 증명된다.

☑️ 정치는 몸을 던져 지켜야 할 신념이 있을 때 시작된다.

☑️ 당신이 지지하는 정치인은 자신의 말에 책임질 각오가 있는가?

☑️ 그 사람은 무엇으로 고통을 감당했는가?

몸은 낟알 나르는 개미 같다면身如輸粒蟻
마음은 창자 잘린 벌과도 같아心似割脾蜂
집안 식량 텅 비어 바닥났건만盡室方懸磬
늦을세라 제각기 곡식 지고 가贏糧各趁鐘
관리 꾀는 꾀마다 교활하지만吏謀隨處密
– 정약용, 공주창곡의 부패를 보고 지은 시, 『다산시문집』

이상을 현실로

정치는 말로 이뤄지는 이상이 아니라, 구조를 설계하는 기술이며, 그 설계가 현실에서 작동할 때 비로소 의미를 갖는다. 정약용은 붓으로 조선을 설계했고, 이재명은 정책 문서로 도시를 재조립했다. 한 사람은 유배지에서, 다른 한 사람은 시청 집무실에서. 그러나 그들이 꺼낸 도구는 같았다. '설계도'라는 이름의 철학적 문서. 그들의 정치는 말이 아니라, 작동하는 구조를 짜는 일이었다.

정약용, 조선의 행정 구조를 다시 설계하다

『경세유표』는 단순한 개혁론이 아니다. 그것은 조선의 국가 행정 시스템을 근본부터 재설계한 실천적 정치 매뉴얼이었다.

"6조의 체계를 바로잡고, 벼슬의 이름을 정하고, 권한과 책임을 분리하라."(정약용, 『경세유표』)

정약용은 붓 하나로 조선의 중앙행정을 근본적으로 구조화했다. 그는 『경세유표』를 통해 당시의 비효율적인 관료 체계를 비판하고, 새로운 행정 설계를 제안하였다.

첫째, 6조(육조) 체계 내의 중복된 권한과 업무를 정리하여 행정의 효율성을 높이고자 했다.

둘째, 관료 임용과 인사 절차를 명문화함으로써 연고주의와 부정 청탁을 방지하고 공정한 인사 원칙을 확립하고자 했다.

셋째, 국가 재정 운용의 투명성을 확보하기 위해 회계 관리 원칙과 감사 제도의 도입을 강조했다.

넷째, 중앙정부의 집중된 권력을 지방과 분산시키는 구조적 개편을 통해 지역 자치의 자율성과 책임성을 제도적으로 뒷받침하고자 했다.

이처럼 정약용은 붓을 통해 제도를 설계하고, 제도를 통해 조선을 다시 세우려 했다. 그는 단지 이상을 말한 것이 아니라, 실제로 작동 가능한 행정 구조를 조항별로 명확히 제시했다. 이 모든 작업은 유배지에서 이뤄졌고, 그는 이 설계를 "후세 정치인들이 참조하길 바란다"고 남겼다.

그는 믿었다.

"사람의 덕은 일시적이나, 제도는 그 사람의 죽음 이후에도 지속된다."(정약용, 「자찬묘지명」)

그의 철학은 단호했다.

'윤리 없는 제도는 위선이고, 제도 없는 윤리는 무능하다.'

그래서 그는 제도를 설계했고, 그 설계는 붓끝에서 탄생했다. 정약용은 조선의 행정 시스템을 개혁하여 효율성을 높이고자 했다. 그는 관료의 윤리적 책임과 백성의 삶을 개선하는 데 더 큰 가치를 두었다. 특히 정약용은 당시 조선 사회의 현실을 고려하여, 관료제의 효율성뿐만 아니라 백성의 삶을 개선하기 위한 실질적인 제도 개혁 방안을 제시하였다.

이재명, 문서로 도시를 재조립하다

2010년, 이재명이 성남시장에 당선되었을 때, 성남시는 5천억 원의 빚을 진 사실상 '부도 직전의 도시'였다. 그는 시장실에 들어서자마자 말보다 문서를 꺼냈다.

"공약은 말이 아니라 문서로 보여줘야 한다. 정책은 도시를 짓는 설계도와 같아서, 설계 없이 공사를 시작하면 결국 시정도 무너질 수밖에 없다."(임종성, 『이재명, 흔들리지 않는 원칙』 재구성)

그는 취임 직후 행정 구조 점검 설계서 제출을 지시하며, 모든 사업의 비용, 기대효과, 사회적 편익, 시민 체감도를 수치화하도록 요구했다. 그의 정책 매뉴얼에는 3년 내 채무 전액 상환 로드맵, 예산 공개 시스템, 공무원 이메일 청탁 신고제, 시민 참여형 조례 입안 제도, 그리고 '정책 7종 세트' 실행 보고서가 포함되었다.

그는 매일 시정 브리핑 노트를 작성했고, 공약 이행률을 공개했으며, 시민 앞에서 '정책 문서로 말하는 정치'를 실천했다. 그는 슬로건을 외치지 않았다. 대신 수치와 기한, 제도로 답했다.

이재명은 정치 체제를 투입과 산출의 과정으로 분석하였으며, 정책은 체제의 결과물로 보았다. 그는 시민의 요구를 정책으로 전환하고, 그 결과를 시민에게 투명하게 공개하는 체제를 구축하고자 했다. 이재명은 시민 참여와 사회적 약자를 위한 정책 추진에 더 큰 가치를 두었다. 특히 그는 시민 참여를 통해 정책 결정 과정을 투명하게 공개하고, 사회적 약자를 위한 정책을 우선적으로 추진함으로 신뢰 역시 높일 수 있었다.

정치는 설계다 — 철학은 문서로 실현된다

정약용은 유배지에서, 이재명은 시장실에서 '도면'과 싸웠다.

정약용은 『경세유표』, 『목민심서』, 『흠흠신서』에 담긴 조항들을 통해 권력의 구조를 재정의했고, 이재명은 성남 정책 문서와 행정 체크리스트를 통해 공공의 설계 논리를 만들었다.

정약용은 말했다.

"후세의 목민관들이 이 글을 보고 정치를 바로잡길 바란다."(정약용, 『목민심서』 서문)

이재명은 말했다.

"시민의 세금은 감정대로 써서는 안 된다. 숫자로 꼼꼼하게 따져서 써야 한다. 정치도 말이 아니라, 실제로 작동하는 시스템으로 증명돼야 한다."(이재명, 『함께 가는 길은 외롭지 않습니다』 재구성)

그는 정치는 메시지가 아니라 시스템으로 증명돼야 한다며 다음과 같이 선언했다. "정치는 말이 아니라 현실에서 작동하는 시스템으로 평가받아야 합니다."(이재명, 21대 대통령 출마 선언문)

두 사람 모두 말보다 설계를 믿었고, 이상보다 구조를 중시했다. 철학은 행동이 되기 위해 종이 위에 정리되어야 했고, 정치는 그 구조를 작동시키는 반복 가능한 시스템이어야 했다.

철학과 행정의 만남 ― 이들이 보여준 것

정약용과 이재명은 '철학하는 정치인'과 '행정가형 리더십'을 동시에 구현했다. 그들은 연설보다 설계를 중시했고, 구호보다 제도를 남겼다.

정약용은 『경세유표』를 통해 '국가란 무엇인가'라는 질문에 구조로 답했고, 이재명은 '시민 중심의 정치란 무엇인가'라는 질문에 실행 문서로 응답했다. 한 사람은 유배지에서, 한 사람은 시장실에서. 그러나 공통된 철학은 하나였다. 정치는 설계다. 그리고 설계는 사람의 삶을 바꾸기 위한 기술이다.

☑ 정치는 설계다.

☑ 붓이든 컴퓨터든, 구조를 그리는 사람이 진짜 리더다.

☑ 당신이 선택한 정치인은 제도를 설계할 줄 아는 사람인가,

☑ 아니면 단지 말을 잘하는 사람인가?

"읍례(邑例)란 한 고을의 법이다. 그것이 사리에 맞지 않을 때에는 수정하여 이를 지켜야 한다."

– 정약용, 『목민심서』「봉공(奉公) 예제(禮際)」

권력의 본질을 꿰다

권력은 권한이 아니라, 책임으로 증명된다. 책임지지 않는 권력은 허상일 뿐이다. 공직은 그저 주어진 자리가 아니다. 그것은 시민의 고통을 짊어지는 자리이며, 잠시 위임받은 힘의 무게를 견뎌야 하는 지점이다. 진짜 리더는 권한을 가졌을 때가 아니라, 그 권한을 어떻게 사용했는지로 평가받는다. 이재명은 그런 정치의 무게를 가장 정면에서 마주한 인물이다.

정약용과 이재명. 시대는 다르지만, 이들은 같은 질문 앞에 섰다.

"권력을 쥐었을 때, 나는 누구를 위해 쓰는가?"

이 질문이야말로 공직 윤리의 본질이며, 리더의 진정성을 가르는 분기점이다.

정약용, 관직을 떠나 책임의 글을 남기다

다산은 곡산 부사 시절, 부패한 관행을 타파하고 공정한 행정을 구현하기 위해 다양한 제도를 도입했다. 그는 부당한 세금 징수를 막고, 관청의 부정을 감시하며, 백성의 고통을 덜어주기 위해 힘썼다.

그의 이러한 노력은 『목민심서』에서 제시된 공직 윤리의 실제적 토대가 되었다. 그는 누구보다도 부패한 관직 제도의 실상을 깊이 체험한 사람이다. 그는 감찰과 고을 수령을 역임하면서 아전의 탐욕, 조정의 형식주의, 제도의 무기력을 목격했다. 그러나 그는 침묵하거나 타협하지 않았다. 유배지 강진에서 붓을 들었고, 『목민심서』를 집필했다.

이 책은 단순한 행정 지침서가 아니라, '공직자는 어떻게 살아야 하는가'에 대한 윤리적 선언이었다.

"청렴하지 않으면 백성을 감화시킬 수 없고, 사욕을 버리지 않으면 정사를 바로잡을 수 없다."(정약용, 『목민심서』, 「율기」)

그는 수령이 지켜야 할 12편 72조의 원칙을 정리하며, 모든 조항을 '백성의 고통'이라는 기준으로 서술했다. 특히 그는 '사사로운 정을 경계하고, 법과 공의에 따라 판단하라'고 강조했다.

"부임하는 날부터 해임되는 날까지, 관가의 기강을 바로잡고, 백성의 삶을 헤아리며, 뇌물을 경계하고, 사적 인연이 아닌 공적 기준으로 일하라."(정약용, 『목민심서』,「봉공」)

이 조언은 이상론이 아니었다. 실제로 그는 유배지에서 관찰사와 고을 수령들에게 수시로 편지를 보내며 이 원칙을 현실에 적용할 수 있도록 구체적 조치를 권유했다. 그는 '정치는 도덕이 아니라 제도와 실천'임을 문서로 증명했다.

정약용은 위임받은 권력을 남용하지 않고, 공동체의 이익을 위해 사용했다.

그는 공직자가 백성을 위해 봉사하고, 사익을 추구하지 않아야 한다고 강조하며, 공직자의 도덕적 책임과 공동체의 안녕을 더 중요하게 여겼다. 특히, 정약용은 현실 행정에서 발생할 수 있는 구체적인 문제 상황을 제시하고, 공직자가 어떻게 행동해야 하는지 상세하게 저술을 통해 규정화했다.

이재명, 권한을 책임으로 전환한 개혁

이재명에게 공직은 명예로운 관직이 아니었다. 그는 성남시장으로 취임하면서 공직의 의미부터 새로 정의했다. 그는 자신을 "시민의 머슴"이라 불렀고, 시장실을 "대리인의 사무실"이라 명명했다. 그에게 권력이란 시민이 잠시 빌려준 것이었고, 그 신뢰는 문서와 제도, 투명한 실천으로 보증되어야 했다.

"나는 공무원 위에 군림하는 시장이 아니다. 시장은 시민의 대리인일 뿐이다. 이 자리는 시민의 것이다."(이재명, 성남시장 취임사 중)

그는 말보다 시스템을 바꾸는 데 집중했다. 성남시장과 경기도지사 재임 시절 그는 공직사회의 청렴을 제도화했고, 권력 구조를 책임 구조로 전환하는 실험을 이어갔다.

그는 성남시에서 부패 방지 시스템 구축, 공무원 연락처 공개, 청탁 보고 의무화, 부패 경고 문구 부착, 공직자 감찰 강화, 비리 시 즉시 직위 해제, 감사팀 독립 운영, 친인척 무관용, 가족·지인 청탁 차단, 예산 및 정보공개 등 강력한 개혁을 추진했다.

이러한 정책은 단순한 이미지 정치가 아니었다. 그는 매일 정책 보고서를 점검했고, 시민에게 설명 가능한 제도와 수치를 기반으로 행정을 구성했다.

그는 "시민이 국가에 의지하지 않으면, 국가는 존재할 이유가 없다"(이재명, 21대 대통령 출마 선언문)고 했다. 이것은 단순한 정치적 선언이 아니라, 그의 권력관이 철저히 '시민 중심'에 있었음을 나타내고 있다.

이재명은 공직자의 부패 가능성을 인정하고, 투명성과 감시 시스템을 통해 공익을 우선하도록 유도했다. 그는 공직자의 도덕적 책임과 시민에 대한 봉사 정신을 강조했다. 특히, 이재명은 공직자의 부패를 개인의 일탈이 아닌 구조적인 문제로 인식하고, 시스템 개혁을 통해 이를 해결하고자 했다.

누구를 위해, 어떻게 권한을 쓸 것인가

정약용과 이재명은 모두 '공직자'가 가져야 할 핵심 자질을 이렇게 이야기했다. 정약용은 "수령은 백성을 위해 존재하며, 그 자리는 무거운 짐이다"라고 했고, 이재명은 "시장은 머슴이다. 주인은 시민이다"라고 했다.

두 사람은 '공직'을 '권력자의 자리'가 아니라 '대리인의 자리'로 재정의했다. 공직이란, 타인의 고통을 대신 감당하는 자리이며, 그 책임의 무게는 말이 아닌 제도로 증명되어야 한다는 철학이었다.

이재명은 권한을 누리려 하지 않았다. 그는 시민에게 신뢰받기 위해, 자신부터 투명해져야 한다고 믿었다. 그는 단 한 번도 '권한을 가진 자'로서 말하지 않았고, 늘 '책임지는 자'로서 정책을 설명했다. 이재명이 남긴 시스템은 지금도 성남과 경기도에서 작동 중이다. 그것은 말이 아니라 기록이고, 이미지가 아닌 실천이다.

정약용과의 철학적 접점

조선 후기 정약용이 『목민심서』에서 수령의 책임과 청렴을 72조의 원칙으로 남겼다면, 이재명은 공직의 책임을 조례와 정책 문서로 치밀하게 구현했다. 정약용이 유배지에서 붓으로 다스림의 철학을 써 내려갔다면, 이재명은 시장실에서 책임의 시스템을 구축해 나갔다. 둘의 시대는 달랐지만, 공직의 본질은 같았다. 권한은 섬김의 다른 이름이며, 제도는 백성을 위한 도구여야 한다는 믿음이다.

이재명은 단언했다. "나는 정치인이 아니라 살림꾼이다. 권력은 누군가의 권리가 아니라, 누군가를 위한 책임이다."

제도는 철학 없이 오래갈 수 없다. 철학 없는 개혁은 이벤트에 그치고, 철학이 있는 행정은 시스템이 된다. 두 사람 모두, '누가 집행하느냐'에 따라 제도의 성패가 갈린다는 점을 보여주었다.

☑ 공직은 특권이 아니라 책임이다.

☑ 진짜 리더는 권한을 쥘 때가 아니라, 그 권한을 누구를 위해 어떻게 썼는지로 평가받는다.

☑ 당신이 믿는 정치인은 권력을 책임으로 감당한 사람인가?

☑ 그 사람이 만든 제도는 지금도 살아 있는가?

"민원이란 게 뭡니까?

시민이 원하는 바, 시민이 불편을 느끼는 것, 뭐 이런 것들 아닙니까?

이런 걸 해결하라고 우리 공무원들이 존재하는 것입니다."

– 박시백, 『이재명의 길』

시대정신을 담아내다

청렴淸廉 없는 공직은 죽은 권력이다. 정치인은 스스로를 다스리지 못하면, 결코 타인을 다스릴 자격이 없다.

정치는 도덕이 아니라 제도다. 그러나 그 제도를 작동 가능하게 만드는 건 공직자 개인의 양심이다. 권력을 쥐었을 때, 그 힘을 어떻게 사용할 것인가?

이 질문 앞에서 가장 먼저 요구되는 덕목은 바로 청렴이다. 정약용과 이재명은 청렴을 단순한 미덕이 아니라, 정치의 생명선이자 행정 시스템의 기반으로 삼았다. 그들에게 청렴이란 꾸밈이 아니라 구조였고, 말이 아니라 실천이었다.

정약용, 자신을 다스리는 자만이 백성을 다스릴 수 있다

> 무능해 임무 수행 어렵겠지만鈍拙難充使
> 공정과 청렴으로 충성 바치리公廉願效誠
> – 정약용, 정월 스무이렛날 문과에 급제하여 희정당에서 임금을 뵙고 물러나
>   와 짓다, 『다산시문집』

이 시는 다산 정약용이 28세 때인 1789년(정조 13), 문과에 급제하고 희정당에서 정조를 하례한 뒤 지은 자작시이다. 다산이 자신의 과거 급제를 자축하면서도, 공직자로서 청렴과 공정을 실천하겠다는 강한 의지를 표명한 대표작이다.

이 표현은 다산의 철학이자, 훗날 『목민심서』와 유배 시절의 모든 저작 활동의 기초를 이룬 정신적 출사표라 할 수 있다. 그는 자신이 뛰어난 재능이 없음을 겸손히 고백하면서도, 공정公과 청렴廉을 실천함으로써 백성과 나라에 보답하겠다는 의지를 밝히고 있다.

또한, 『목민심서』 제2편 「율기律己」는 다산 정약용의 정치 철학 중에서도 가장 근본적인 지점을 보여준다. 수령이 가장 먼저 해야 할 일은 타인을 다스리기 전에, 스스로를 다스리는 일이라는 것이다.

"청렴하지 않으면 백성을 감화시킬 수 없고, 사욕을 버리지 않

으면 정사를 바로잡을 수 없다."(정약용, 『목민심서』, 「율기」)

그는 수령으로서 마땅히 경계해야 할 다섯 가지 유혹을 명확하게 제시했다.

첫째는 재물에 대한 탐욕이며, 둘째는 권력에 대한 맹목적인 집착이다. 셋째로는 과도한 식욕과 향락을 탐하는 것을 지적했고, 넷째로는 공적인 판단을 흐리게 할 수 있는 사사로운 인간관계를 경계해야 한다고 강조했다. 마지막 다섯 번째로는 자신의 지위를 이용하여 가족을 통해 부당한 청탁을 받는 행위를 경계해야 할 유혹으로 구체적으로 언급했다.

「봉공奉公」 편에서는 공사 구분의 철저함을 강조했다. 공적인 자리에 있으면서 사적인 이익을 추구하는 행위는 아무리 작아도 관가의 기강을 해친다고 보았다.

"신관新官이 부임하면 으레 소 잡는 일, 술 담그는 일, 소나무 남벌하는 일 등 세 가지 금령을 엄중히 내리게 되어 있으나, 이는 하나의 형식에 지나지 않으니 하지 말아야 할 것이다."(정약용, 『목민심서』)

정약용의 이러한 청렴 강조는 이마누엘 칸트의 '정언 명령'과 연결될 수 있다. 칸트는 도덕적 행위는 그 자체로 선한 의지에서 비롯되어야 하며, 어떤 결과를 얻기 위한 수단이 되어서는 안 된다고 주장했다.

정약용 역시 공직자의 청렴이 백성의 신뢰를 얻기 위한 수단이 아니라, 공직자로서 마땅히 지켜야 할 도덕적 의무라고 강조했다. 그러나 칸트가 보편적인 도덕 법칙을 제시하는 데 집중한 것과 달리, 정약용은 현실 행정에서 공직자가 마주하는 구체적인 유혹과 그 극복 방안을 제시했다는 점에서 차이를 보인다. 특히 정약용은 공직자의 청렴을 개인의 도덕적 문제로만 보지 않고, 백성의 삶과 직결되는 공공선의 문제로 인식했다는 점에서 칸트와는 구별된다.

이재명, 청렴을 제도로 구현한 행정가

이재명은 청렴을 도덕이나 다짐이 아닌, '설계된 시스템'으로 접근했다. 성남시장 재직 시절, 그는 부패 가능성을 구조적으로 제거하기 위해 행정 전반에 청렴 시스템을 내장시켰다. 그는 성남시장 시절에 "청렴은 결심으로 되는 게 아니다. 시스템이 있어야 한다"라고 하였다.

그는 공직 사회의 청렴성을 확립하기 위해 다양한 제도를 도입했다.

먼저, 직접 신고 시스템을 통해 모든 공직자가 시장에게 직접 청탁을 보고하도록 의무화하고, 시장의 연락처를 공개하여 접근성을 높였다. 내부 고발 장려 시스템으로는 익명 제보 플랫폼을 운영하고, '부패즉사 청렴영생腐敗卽死 淸廉永生' 슬로건을 부착하여 경각심을 고취했다.

또한, 친인척 청탁을 원천 차단하기 위해 측근, 선거 공신, 가족의 인사 개입을 금지하고, 시장의 가족까지 감찰 대상에 포함하는 강력한 원칙을 세웠다. 마지막으로, 예산 및 업무의 전면 공개를 통해 예산 집행 및 업무추진비의 투명성을 확보하고, 시민들이 모든 행정 자료를 열람할 수 있도록 했다.

이재명은 정치인의 도덕성을 신뢰하지 않았다. 그는 정치인이 '청렴한 사람'이 되기보다, 청렴하게 행동할 수밖에 없는 구조를 만들려 했다. 그의 청렴 정책은 '신뢰의 조건'이자, '시민의 권한을 보호하는 장치'였다.

이재명의 이러한 청렴 시스템 구축은 공공선택 이론의 문제의식과 연결될 수 있다. 공공선택 이론은 공직자 역시 자신의 이익을 추구하는 합리적인 존재라는 점을 전제하고, 이를 제어하기 위한 제도적 장치를 강조한다.

이재명 역시 공직자의 부패 가능성을 인정하고, 투명성과 감시 시스템을 통해 공익을 우선하도록 유도했다.

그러나 공공선택 이론이 개인의 이익 추구를 당연시하는 경향이 있는 것과 달리, 이재명은 공직자의 윤리적 책임과 시민에 대한 봉사 정신을 강조했다는 점에서 차이를 보인다. 그의 철학은 말이 아니라 시스템이었다.

그는 "정치는 메시지가 아니라 시스템으로 증명돼야 합니다."

(이재명, 21대 대통령 출마 선언문)라고 하였다.

이는 공직자의 부패를 개인의 일탈이 아닌 구조적인 문제로 인식하고, 청렴 개혁은 공공선택 이론의 한계를 넘어선 실천이었다. 공직자의 합리적 이기심을 인정하는 것에서 멈추지 않고, 그 이기심조차 제도적으로 교정해야 한다는 인식을 바탕으로 철저한 감시와 투명성 확보를 추진했다.

청렴, 정치인의 생명줄인가, 일회용 구호인가

정약용은 청렴을 공직자의 출발점으로 삼았다. 이재명은 청렴을 행정의 지속 가능성을 담보하는 조건으로 이해했다.

둘 다 '청렴'을 정치인의 품성으로 미화하지 않았고, 실천과 제도로 증명하려 했다. 정약용은 작은 부정 하나가 전체를 망친다고 경고했고, 이재명은 "지인에게 밥 한 끼를 사줘도 보고해야 한다"고 말했다. 청렴은 이들에게 있어, '권력 남용 방지책'이 아니라 공공 신뢰를 구축하는 윤리적 기반이었다.

청렴은 철학이 아니라 실천의 구조다

정약용은 『목민심서』를 통해 청렴 행정의 '윤리 매뉴얼'을 완성했다. 그는 "율기律己 없는 공직은 허물어질 운명을 가진다"고 보았다.

이재명은 이 원칙을 현실 행정에 이식했다. 시정의 모든 부분에서 공직자의 자율성과 동시에 투명성과 책임성을 제도화했다. 그는 청렴을 시민과의 '비밀 계약'이라 했고, 이 계약을 문서와 시스템으로 지켜나갔다.

결국 두 사람 모두 청렴을 '윤리 강의의 소재'가 아니라, 정치의 실효성을 보장하는 핵심 기술로 자리매김했다. 그 철학은 말로 전해지는 것이 아니라, 하루하루의 실천 속에서 드러났다.

☑ 청렴 없는 공직은 죽은 권력이다.

☑ 정치인은 스스로를 다스리지 못하면, 결코 타인을 다스릴 자격이 없다.

☑ 우리가 뽑은 정치인은 자신의 청렴을 스스로 입증해 왔는가?

☑ 그가 쥔 권력은 '자기 이익'이 아닌 '공익'을 위해 쓰였는가?

"청렴하지 않으면 백성을 감화시킬 수 없고, 사욕을 버리지 않으면 정사를 바로잡을 수 없다. 사사로움을 이기지 못하면 법을 어기게 되고, 욕심을 버리지 않으면 부정을 행하게 된다. 청렴은 목민의 근본이요, 율기의 시작이다."

– 정약용, 『목민심서』, 「율기」

외로운 길을 묵묵히 걷는 신념

정치란 고독한 실천이다. 누구도 알아주지 않아도, 끝까지 지켜야 할 철학이 있는 사람만이 진짜 리더가 된다. 정치는 말로 시작될 수 있다.

그러나 그것이 진짜가 되는 순간은, 아무도 듣지 않을 때조차 실천을 멈추지 않는 순간이다. 정약용에게는 유배가, 이재명에게는 단식과 고립이 그 '고독한 정치'의 무대였다. 지지자도, 후원자도, 박수도 없던 시간. 그러나 그 시간 속에서 두 사람은 흔들림 없이 걸었다.

진짜 정치는 수많은 지지 위가 아니라, 혼자서도 지켜내는 신념 위에 세워진다는 것을 증명해 냈다.

정약용, 외면 속에서도 멈추지 않은 붓

1800년, 정조가 세상을 떠나자 정약용은 하루아침에 조정에서 버려진 사람이 되었다. 천주교 박해로 인해 형 정약종은 처형되었고, 자신은 강진으로 유배되었다. 정치적 기반도, 후원자도, 명예도 사라진 자리. 정약용은 고립무원의 시간을 견뎌야 했다.

"나는 천지간에 외롭게 살면서 의지하여 운명으로 삼는 것은 오직 문묵文墨일 뿐이다. 간혹 한 구절, 한 편의 마음에 맞는 글을 짓게 되면 나 혼자만이 읊조리고 감상하다가, 이윽고 생각하기를 '이 세상에서 오직 너희들에게만이 보여줄 수 있다', 너희들이 만일 독서하려고 하지 않는다면 이는 나의 저서가 쓸모없게 되는 것이요, 나의 저서가 쓸모없게 되면 나는 할 일이 없게 되어, 장차 눈을 감고 마음을 쓰지 않아 흙으로 만들어 놓은 우상偶像이 될 것이니."(정약용, 두 아들에게 답함, 『다산시문집』)

이 편지는 다산이 유배 중에도 글을 쓰는 이유, 즉 비록 아무도 읽지 않을지라도, 언젠가 후손들이 읽어줄 것을 믿고 붓을 들었던 정신을 감동적으로 드러내고 있다. 그가 남긴 『경세유표』, 『목민심서』, 『흠흠신서』는 대부분 이 시기에 쓰였다. 그 글들은 당대에 이해받지 못했으며, 때로는 이단의 글로 취급되기도 했다. 그러나 그는 쓰기를 멈추지 않았다.

왜냐하면 글이 사라진 시대에도 철학은 기록되어야 한다고 믿었기 때문이다.

정약용은 벼슬을 다시 얻기 위해 쓴 것이 아니었다. 그는 백성에게 책임 있는 정치란 무엇인지 묻고, 그 답을 글로 남겼다. 그에게 유배는 단절이 아니라, 사유와 실천의 정점이었다.

정약용의 유배는 고립 속에서도 자신의 신념을 지켜나간 철학자들의 모습과 겹쳐진다. 예컨대, 스피노자는 종교적 박해와 사회적 고립 속에서도 자신의 철학을 완성했으며, 그에게 철학은 삶의 고통을 극복하는 길이었다.

정약용 역시 유배라는 고독한 상황 속에서 백성을 위한 학문을 추구하며, 자신의 철학적 신념을 실천했다. 그러나 스피노자가 형이상학적 탐구에 집중한 것과 달리, 정약용은 현실정치 개혁을 위한 구체적인 제도 설계에 몰두했다는 점에서 차이를 보인다.

이재명, 정치적 고립 속에서도 꺼지지 않은 횃불

2023년 가을, 이재명은 극한의 침묵을 택했다.

윤석열 정부의 국정 운영과 검찰 수사에 대한 저항의 표시였던 이 침묵은, 그를 더욱 외로운 길로 내몰았다. 국회는 그의 손발을 묶으려 했고, 언론은 날카로운 비판의 칼날을 겨눴으며, 심지어 같은 배를 탄 동료들조차 흔들렸다. 지지 기반은 허물어져 갔고,

육신은 한계에 다다랐다. 그야말로 정치적 고립의 심연이었다.

"나는 이기기 위해 정치하지 않는다. 옳다고 믿는 방향을 버릴 수 없기에 남아 있는 것이다."(이재명, 단식 중 발언)

그의 침묵은 단순한 정치적 몸짓이 아니었다. 그것은 닫힌 세상과의 소통을 위한 절규였고, 행동으로 증명하는 진실의 외침이었다. 정약용이 유배지에서 붓으로 시대의 아픔을 기록했다면, 이재명은 온몸으로 시대의 부조리에 맞섰다. 극한의 고통 속에서도 그는 '민생'이라는 두 글자를 놓지 않았다. 침묵을 깬 후에도 그는 정쟁 대신 "국민이 주인인 나라"라는 희망의 씨앗을 심었다.

"진정한 대한민국은 평범한 사람들이 주인 되는 나라입니다. 그 나라를 만드는 도구가 되고 싶습니다."(이재명, 21대 대통령 출마 선언문)

이재명의 침묵은 20세기 동아시아의 양심적 지식인들이 비폭력적 저항으로 권력에 맞섰던 모습과 닮아 있다. 그는 말이 통하지 않는 시대에 '몸과 영혼'을 던져 시대의 나침반을 찾고자 했다. 그 차분하지만 단호한 몸짓은 제도권 안에서 새로운 가능성을 열고자 하는 몸부림이었다. 그는 어떤 탄압에도 자신의 신념을 굽히지 않고, 고통스러운 침묵을 통해 국민들에게 희망의 불씨를 지피고자 했다.

진짜 정치는, 아무도 없을 때 빛난다

정약용의 저술은 당대에 주목받지 못했다. 그는 '실학'이라는 낙인이 찍혔고, 심지어 그의 글은 금서 취급을 받기도 했다. 그러나 그는 600여 권의 문헌을 남겼고, 200여 년이 지난 지금 그의 철학은 대한민국 공직윤리의 출발점이 되었다.

이재명의 실천도 대중적 환호를 받지 못한 적이 많다. 무상복지 정책, 기본소득 실험, 부패 카르텔과의 전쟁은 늘 거센 반발과 저항을 동반했다. 그는 '좌파 포퓰리스트', '독단적인 리더'라는 비판을 들었고, 수사와 재판의 대상이 되었다. 그러나 그는 물러서지 않았다. 정약용이 그랬듯, 그는 믿었다.

"지금은 비난받아도, 언젠가 시민이 판단할 것이다."

그 믿음 하나로 고독 속에서 실천을 이어갔다.

정치인은 언제 진짜가 되는가?

정치는 수많은 말과 약속 위에 서 있는 듯 보인다. 그러나 진짜 정치는 말이 사라졌을 때, 어떤 행동이 남는가로 판단된다.

정약용은 아무도 읽지 않을 글을 썼고, 이재명은 누구도 이해하지 않을 수도 있는 단식을 선택했다. 그들은 말보다 실천을 앞세웠고, 지지보다 신념을 택했다. 그들의 공통점은 분명하다. 정치는 누구도 알아주지 않아도 지켜야 할 약속이라는 것이다. 그 약속은 표가 아니라, 철학으로 남는다.

☑ 정치란 고독한 실천이다.

☑ 누구도 알아주지 않아도, 끝까지 지켜야 할 철학이 있는 사람만이 진짜 리더가 된다.

시민 질문

☑ 당신이 믿는 리더는 혼자일 때도 실천을 멈추지 않는 사람인가?

☑ 그 사람은 권력보다 신념을 선택한 적이 있는가?

"시장실을 가장 낮은 층으로 옮깁시다."

"시장님, 그건 위험합니다. 시민들이 몰려들고 시장실을 점거할 수도 있습니다."

"그게 왜 문제입니까? 민원을 가진 시민이 찾아오면 당연히 만나야죠. 듣고 도울 수 있다면 도와야 합니다. 시장이 죄지은 것도 아닌데, 왜 높은 곳에 숨어 있어야 합니까?"

– 이재명, 『함께 가는 길은 외롭지 않습니다』 재구성

리더의 내면

    진정한 리더는 박수받는 순간보다 비난받는 시간 속에서 자기 길을 지켜낸다. 리더는 화려한 조명 아래 쏟아지는 찬사 속에서 빛나 보이지만, 정작 가장 깊은 외로움을 느끼는 순간은 역설적으로 침묵과 비판의 날카로운 칼날 사이에 홀로 설 때이다. 웅성거리는 지지자들의 목소리가 멎고, 오롯이 자신만이 결정을 내려야 하는 순간, 리더는 내면 깊숙한 곳에서 끊임없이 질문을 던진다. "나는 과연 옳은 길을 가고 있는가?"

    그 누구도 명쾌한 해답을 제시해 주지 않는 고독한 시간 속에서, 리더는 오직 자신의 신념과 양심에 의지하여 나아가야 한다. 조선 후기의 학자 정약용은 천주교 박해와 남인 숙청이라는 시대적 격랑 속에서 벗들과 단절된 채 유배지에서 깊은 외로움을 겪어야 했다.

그의 시 「고도에서 홀로 슬픈 노래를 부르다孤島獨悲歌」에는 홀로 남겨진 슬픔과 막막이 절절하게 드러난다.

고도에서 홀로 슬픈 노래라니孤島獨悲歌

건너가려도 배와 노 없으니欲渡無舟楫

이 그물을 언제나 벗어날까何時解網羅

(중략)

지는 달 아무런 소식도 없고落月無消息

뜬구름만 저 혼자 가고 오네浮雲自往還

언제인가 지하에 가서他年九京下

망망한 바다에 홀로 남겨진 듯, 그는 건너갈 배와 노조차 없는 절망적인 상황 속에서 끊임없이 괴로워했다.

현대 사회의 리더 또한 다르지 않다. 복잡다단한 이해관계 속에서 때로는 대중의 비난을 홀로 감당해야 하고, 때로는 아무도 동의하지 않는 외로운 길을 걸어야 한다.

이재명 역시 정치적 격랑 속에서 수많은 비판과 고난을 겪으며 외로운 싸움을 이어왔다. 외부의 어떤 확신도 주어지지 않는 상황에서, 리더는 오직 자신의 판단과 책임감으로 묵묵히 나아갈 수밖에 없다.

찬사 속의 환희는 찰나에 불과하다. 그러나 침묵과 비판 속에서 홀로 감당해야 하는 고독의 무게는 리더에게 깊은 성찰과 성장의 시간을 안긴다.

정약용이 유배지에서의 고독을 통해 학문적 깊이를 더하고 백성을 위한 목민관의 길을 모색했듯이, 진정한 리더는 고독 속에서 더욱 단단해지고 깊어진다. 그들이 짊어진 외로움의 무게만큼, 그들의 발걸음은 더욱 신중하고 굳건해진다. 결국 리더의 진정한 힘은 화려한 겉모습이 아니라, 그 고독한 시간 속에서 자신만의 답을 찾아내는 내면의 강인함에서 비롯된다.

이재명 역시 끊임없는 고립과 싸워왔다. 경기도지사 시절부터 대선출마 선언 이후, 그리고 검찰 수사와 언론의 악의적인 왜곡 속에서 그는 반복적으로 정치적 고립과 심리적 고통을 감내해야 했다. "정치는 늘 선택과 책임 사이에서 고민하는 일이다. 아무도 함께 가지 않더라도, 꼭 가야 할 길이라면 혼자서라도 가야 한다."(이재명, 『함께 가는 길은 외롭지 않습니다』 재구성)

그는 때로는 홀로 외로운 길을 걸어야 했다.

2023년 9월, 윤석열 정부의 폭정과 검찰의 편파 수사에 항의하며 그는 4일간의 단식 투쟁을 감행했다. 극한의 고통 속에서도 그는 굴하지 않고 자신의 신념을 지켜나갔다. 입술이 갈라지고 의식을 잃어 병원에 실려 가는 상황에서도 그는 멈추지 않았다. 그는 단순한 정치인이 아닌, 침묵하는 다수의 목소리를 대변하며 시대의 부조리에 맞서 싸우는 시민의 대표였다.

기자회견에서 그는 "정치는 사람을 위한 일이다. 그 믿음을 멈출 수 없다"고 말했다. 이 한마디는 수많은 고독한 밤과 비난 속에서 꿋꿋이 지켜낸 그의 신념을 보여준다. 외로운 싸움 속에서도 그는 자신만의 길을 걸었고, 그 신념을 증명했다.

리더는 때로 누구도 함께 걷지 않으려는 외로운 길을 홀로 걸어야 한다.

이재명은 그 길을 묵묵히 걸었고, 자신의 신념을 지켜냈다. 그의 단식 투쟁은 단순한 정치적 행위를 넘어, 시대의 부조리에 맞서는 한 시민의 절규였다. 그는 외로움 속에서도 자신의 신념을 잃지 않았고, 사람을 위한 정치를 향한 믿음을 끝까지 지켜냈다.

정약용은 유배지에서, 이재명은 단식 병상에서, 리더십의 본질을 우리에게 남긴다. 두려움을 피하는 리더가 아니라, 두려움과 싸우는 리더만이 길을 낸다.정치는 담대함이 아니라, 외로움 속에서 밀려오는 질문에 꺾이지 않는 '묵묵한 용기'다.

☑ 진정한 리더는 박수받는 순간보다 비난받는 시간 속에서 자기 길을 지켜낸다.

☑ 두려움은 리더를 외롭게 만들지만, 그 외로움이 길이 된다.

☑ 내가 신뢰하는 리더는 외로움 속에서도 길을 내는 사람인가?

☑ 비판 앞에 흔들리지 않는 신념이 있는가?

☑ 나는 지금, 나만의 두려움과 어떻게 싸우고 있는가?

"프레스 사고로 비틀어진 제 왼팔을 보고도 우셨고, 단칸방 가족들이 잠들었을 때 마당에서 물을 끓이며 공부하던 저를 보고도 우셨습니다. (중략) 지금은 또 자식들 문제로 힘들어하십니다. 죄송합니다. 어머니."

– 이재명, 성남 오리엔트 공장에서 제19대 대선 출마 기자회견

다산과 이재명의
네 번의 상처

    다산 정약용의 네 번의 해배解配 좌절과 이재명 대표의 4번의 전과 기록은, 시대는 달랐지만 개혁의 길이 얼마나 고통스럽고 외로운지를 극명하게 보여준다. 권력의 벽 앞에서 겪은 이들의 시련은 놀라울 정도로 닮아 있다.

    다산 정약용은 18년간의 유배 생활 동안 네 차례 석방 기회를 맞았다.

    그러나 그때마다 권력층의 방해로 좌절되어 상처를 입었다.

    첫 번째는 1810년. 아들 정학연이 억울함을 호소했지만, 형조판서 김계락은 오히려 벼슬 삭탈을 주장했다. 친구 이기경조차 외면해 해배는 무산됐다.

    두 번째는 1814년. 죄명을 지우려 했지만 강준흠의 상소로 다시 가로막혔다.

세 번째는 1818년. 이태순과 남공철의 노력으로 해배되었지만, 곧바로 복직은 막혔다.

네 번째는 1823년. 승지에 임명되었지만 누군가의 방해로 끝내 취소되고 말았다.

다산은 「자찬묘지명」에 이 과정을 담으며, 기득권의 차가운 벽에 부딪혀야 했던 좌절을 증언하고 있다.

이재명 역시 네 번의 전과 기록이라는 상처를 지녔다. 그러나 그 내용은 사익이 아닌, 대체로 공익을 위한 행동의 결과였다.

첫 번째는 파크뷰 특혜분양을 고발하다 검사 사칭 혐의로 벌금 150만 원.

두 번째는 성남시의료원 조례 부결에 항의하다 특수공무집행방해 혐의로 벌금 500만 원.

세 번째는 증언자 접촉 중 음주운전으로 벌금 150만 원.

네 번째는 선거운동 중 지하통로 횡단보도에서 명함을 돌렸다는 이유로 벌금 50만 원이다.

이 전과들은 대개 시민권 행사 또는 공익제보와 연관된 사건이었다. 하지만 기득권 세력은 이를 정치적 무기로 삼아 '전과자'라는 낙인을 찍었다.

다산은 학문으로, 이재명은 현실정치로 세상의 부조리에 맞섰다.

이들의 네 번의 상처는 단순한 흠이 아니라, 개혁가가 반드시 감당해야 했던 고난의 흔적이다. 시대는 언제나 개혁가에게 엄격하다. 하지만 결국 역사는 진심을 기억한다. 다산의 좌절도, 이재명의 전과도 언젠가는 '시대를 바꾸려 했던 증거'로 남게 될 것이다.

Chapter 3

미래를 설계한 행정의 힘

"곰곰이 생각하여 보면 하나하나의 털끝만 한 것까지도
병들지 않은 것이 없다. 지금 곧 개정하지 않는다면
반드시 나라를 망치고야 말 것이니
이 어찌 충신 지사들이 수수방관할 바이겠는가?"

– 정약용, 『경세유표』 서문

새로운 질서 구축

    정치를 바꾸고 싶다면, 구조를 바꿔야 한다. 진짜 리더는 말이 아니라 설계로 시대를 바꾸는 사람이다. 구조를 바꾸는 사람만이 진짜 정치를 한다. 정치는 말로 시작될 수 있지만, 구조가 바뀌지 않으면 현실은 달라지지 않는다.

    정약용과 이재명은 시대와 배경은 달랐지만, 모두 '정치는 설계다'라는 믿음으로 정치의 본질을 다시 쓴 개혁가들이었다. 그들은 정치란 단지 제안을 던지는 일이 아니라, 제도를 다시 그리는 설계 행위임을 보여줬다. 진짜 정치인은 말이 아니라 구조로 평가되어야 한다.

정약용, 『경세유표』로 중앙 행정을 다시 짓다

정약용은 조선 사회의 몰락이 단지 임금의 무능이나 관료의 타락 때문만은 아니라고 보았다. 그는 문제의 뿌리를 '제도의 결함'에서 찾았다. 제도가 부패를 낳고, 그 부패가 백성의 삶을 무너뜨린다는 진단이었다.

"나라의 법은 많고 문서는 복잡하나, 그것이 모두 백성에게 이롭지 않다면 개혁은 허공을 치는 것이다."(정약용, 『경세유표』)

다산 정약용의 『경세유표』는 조선 중앙행정 체계의 혁신적인 재설계를 담은 청사진이었다. 그의 개혁안은 크게 세 가지 핵심 축으로 요약된다.

첫째, 6조 체제의 근본적인 개편을 통해 권한과 책임의 중복을 제거하고, 각 부서의 기능을 명확히 구분하여 상호 견제와 효율성을 극대화하고자 했다.

둘째, 관료 임용 기준의 혁신적인 재정립을 제시하여 과거제의 한계를 보완하고, 실적 중심의 인재 등용과 실무 교육 시스템 도입을 주장했다.

셋째, 재정 및 감찰 시스템의 투명성 강화를 통해 지방 수령의 부패를 방지할 이중 보고 체계를 구축하고, 세입·세출 구조 공개 및 감사 제도를 제도화하여 국가 재정 운영의 투명성과 효율성을 확보하고자 했다.

이처럼 『경세유표』는 조선의 중앙행정 시스템을 근본적으로 혁신하여 백성을 위한 공정한 정치를 구현하고자 했던 다산 정약용의 깊은 고민과 통찰이 담긴 역작이었다.

그는 단순히 정치사상가가 아니었다. 그는 정치 기술자이자 행정 설계자였다. 그가 『경세유표』를 통해 설계한 구조는 이후 '입헌주의 정치'의 토대를 사상적으로 선취한 결과물이기도 하다.

정치란 권력을 쥐는 일이 아니라, 권력의 작동 방식을 설계하는 일임을 그는 붓으로 보여주었다.

정약용은 법과 제도가 백성들의 자유를 보장할 수 있도록 『경세유표』, 『목민심서』, 『흠흠신서』 등을 저술하였다. 특히, 『경세유표』에서는 6조 체제의 개편을 통해 각 부서 간 권한의 균형과 상호 견제를 구상하며, 제도의 본질을 '백성을 위한 도구'로 재정의했다.

정약용은 현실적 행정 개혁을 통해 백성의 삶을 구체적으로 개선하고자 했다. 특히, 다산은 지방 수령의 부패 방지와 백성의 삶을 개선하는 데 더 큰 가치를 두었다. 또한, 정약용은 조선 사회의 현실을 고려하여, 관료 임용 기준 재정립과 재정·감찰 시스템의 투명화 등 실질적인 개혁 방안을 제시했다.

이재명, 지방자치를 '제도'로 증명한 개혁가

2010년, 이재명이 성남시장에 취임했을 때 성남시는 5천억 원의 적자와 신뢰의 붕괴 속에 있었다. 그는 단순히 예산을 줄이는 행정가가 아니라, 지방정부의 구조 자체를 다시 짠 설계자였다.

이재명 대표의 '지방자치 실험'은 기존 행정의 틀을 혁신적으로 재구성하는 시도였다. 그 핵심은 다음 네 가지로 요약된다.

첫째, 예산 구조의 전면적인 개편을 통해 불필요한 간접사업을 폐지하고, 사회복지 및 청년지원 등 시민에게 직접적인 효과를 주는 사업 중심으로 예산을 편성했다.

둘째, 정책 설계의 사전 검토를 강화하여 모든 공공사업 추진 시 정책설계서 및 실행계획서 제출을 의무화하고, 성남형 정책 매뉴얼을 제정 및 정례화하여 정책의 효율성과 효과성을 높였다.

셋째, 시민 참여 시스템을 제도화하여 '시민참여예산제'를 확대하고, 주민조례발안제 및 시민평가단 운영을 통해 시민의 직접적인 정책 결정 참여를 보장했다.

넷째, 기초지자체의 정책 독립성을 강화하여 중앙 정부의 일방적인 지시가 아닌 지역 실정에 기반한 정책 추진을 통해 자율적인 행정 운영을 추구했다. 대표적인 사례로는 청년배당, 무상교복, 시립의료원 건립 등이 있다.

이처럼 이재명 대표의 지방자치 실험은 예산 운영의 투명성과 효율성을 높이고, 시민 참여를 확대하며, 지역 특성에 맞는 정책 추진을 통해 주민 중심의 행정을 구현하고자 한 혁신적인 시도였다고 평가할 수 있다.

그의 행정은 '문서로 된 정치'였다. 공약은 감성적 슬로건이 아닌 설계도로 구성되었고, 행정은 제도적 프로세스로 작동했다.

그는 지방행정을 말이 아닌 구조로 바꾼 리더였다. 시민의 정책 결정 참여를 제도화하며 복지와 권익, 재정 건전성까지 모두 구조화했다. 그는 이렇게 선언했다.

"저는 대한민국이라는 건물을 다시 설계하고, 다시 짓고 싶습니다. 기초부터, 뼈대부터 바꾸겠습니다."(이재명, 21대 대통령 출마 선언문)

이재명의 이러한 지방자치 실험은 엘리너 오스트롬의 '공유 자원 관리' 이론과 연결될 수 있다. 오스트롬은 지역 주민들이 자율적으로 참여하고 협력하여 공유 자원을 효율적으로 관리할 수 있다는 것을 실증적으로 증명했다.

이재명 역시 시민 참여를 제도화하고, 지역 주민의 의견을 정책에 반영하여 지방자치의 효율성과 민주성을 높이고자 했다.

그러나 오스트롬이 공유 자원 관리에 초점을 맞춘 것과 달리, 이재명은 지방정부의 재정 건전화, 사회복지 정책 확대, 시민 권익 증진 등 다양한 정책을 통해 시민의 삶을 개선하는 데 더 큰 가치를 두었다는 점에서 차이를 보인다.

제도를 고치는 사람만이, 정치의 방향을 바꾼다

정약용은 유배지에서 붓으로 정치를 다시 썼고, 이재명은 시장실에서 문서로 현실을 재설계했다. 그들의 개혁은 선언이 아니라 구조였고, 말이 아닌 시스템이었다.

정약용은 "조선이라는 국가의 운영 틀"을 『경세유표』로 제시했고, 이재명은 "지방자치의 새로운 작동 방식"을 정책 문서와 제도 개편을 통해 구체화했다.

그들은 제도에 말을 붙이지 않고, 말 속에 제도를 담았다. 그 결과 그들의 정치적 유산은 '연설'이 아니라, '설계도'로 남게 되었다.

진짜 정치인은 설계자다

정치는 말을 잘하는 기술이 아니다.

정치는 구조를 이해하고, 구조를 바꿀 용기를 가진 사람의 일이다.

정약용은 글로 제도를 설계했다.

그가 『경세유표』에서 제시한 행정 모델은 제국의 한계를 넘어 입헌주의와 근대적 정치철학으로 확장될 수 있는 잠재력을 지녔다.

이재명은 실험으로 제도를 만들었다.

성남과 경기도에서 실행한 복지 정책과 행정 제도는 시민의 삶을 실질적으로 바꾸는 '정책의 실천'이었고, 이는 말이 아니라 구조로 증명되었다.

그들은 '리더'가 아니라, 정치의 건축가이자 제도 설계자였다.

"경세經世란 무엇인가?

관제官制, 군현지제郡縣之制, 전제田制, 부역賦役, 공시貢市, 창저倉儲, 군제軍制, 과제科制, 해세海稅, 상세商稅, 마정馬政, 선법船法, 영국지제營國之制 등을 시용時用에 구애되지 않고 경經을 세우고 기紀를 베풀어 우리의 오랜 나라를 새롭게 하기로 생각하는 것이다."

– 정약용, 자찬묘지명自撰墓誌銘 집중본

현실과 이상의 조화

정의는 추상적이지 않다.

정의는 법과 현실 사이의 틈을 메우는 기술이며, 그 기술을 구조로 바꾼 리더가 진짜 정치인이다. 정치는 언제 정의로부터 멀어지는가?

법은 정의를 위해 존재한다. 그러나 현실 속에서 법은 때로 사람을 구하지 못하고, 오히려 또 다른 폭력의 도구가 되기도 한다.

정약용과 이재명은 각각의 시대에서 법과 현실, 정의와 제도 사이의 간극을 직시했다. 그들은 '공정'과 '인간다움'이 실제 사회에서 어떻게 실현되어야 하는지를 고민했고, 그 해답을 글과 정책, 제도로 구체화해 냈다.

정약용, 형벌 속 정의를 설계하다

정약용은 백성을 억압하는 도구가 아닌, 그들을 보호하는 따뜻한 손길로서의 법을 꿈꿨다. 그래서 그는 딱딱한 법조문을 단순히 해석하는 데 그치지 않고, 법을 다루는 사람의 마음까지 성찰하고자 했다.

『형전』을 통해 형법의 조항을 조목조목 풀어내며 실무 기준을 제시한 것도 그 일환이었고, 『흠흠신서』는 더욱 나아가 법 집행자의 태도와 윤리를 가르치는 지침서로 탄생했다.

"사람을 살리고 죽이는 것이 판결인데, 잘못 판결하면 한 사람의 생명을 앗는 것이니 어찌 가벼이 할 수 있겠는가. 나는 무수히 많은 재판을 접하며 늘 가슴이 떨리고 손이 떨렸다. 형벌은 두려워하면서도 냉철해야 하고, 의심스러운 부분은 끝까지 확인해야 하며, 죄가 없는데 억울하게 처벌되는 일이 없도록 하여야 한다. 그래서 나는 이 책을 짓는다. 이 책은 사람의 생명을 살리는 법의 기술이며, 판결을 내리는 이가 반드시 곁에 두고 마음을 다스려야 할 거울이다."(정약용, 『흠흠신서』 서문)

정약용은 죄를 벌하는 과정에서도 인간에 대한 깊은 이해와 존중이 전제되어야 한다고 믿었다. 그는 냉정한 판결의 기준 속에 연민과 절제를 담고자 했으며, 단지 죄를 물어 처벌하는 것이 아니라, 억울함을 풀고 백성을 보호하는 것이야말로 법의 참된 목적이라 여겼다. 고문을 통한 자백은 거부하고, 객관적인 증거와 논리적인 탐문만이 진실을 밝혀낼 수 있다고 역설했으며, 설사 죄를 지은 자일지라도 인간의 존엄을 짓밟아서는 안 된다고 강조했다.

정약용에게 정의란, 단지 법을 집행하는 기술이 아니었다.

그것은 고통받는 사람을 구제하고, 약자의 억울함에 귀 기울이며, 불의한 권력의 칼날로부터 백성을 지키는 실천적 도덕이었다. 그래서 그는 "판결은 형벌을 다루는 기술이 아니라, 사람을 다루는 지혜여야 한다"고 말하며, 판관의 내면과 책임감을 가장 중시했다.

이러한 정약용의 법에 대한 고민은 서양의 계몽주의 사상가 체사레 베카리아의 『범죄와 형벌』과도 깊이 통한다. 베카리아 역시 자의적이고 가혹한 형벌을 비판하며, 법은 인간의 존엄을 보장하고 사회의 이익을 증진하는 방향으로 설계되어야 한다고 역설했다. 그들은 모두 고문과 자백 중심의 수사를 부정하고, 객관적인 증거에 기반한 합리적 사법 체계를 주장했다는 점에서 궤를 같이한다.

그러나 두 사상가 사이에는 분명한 차이도 있다. 베카리아가 형벌의 원칙과 제도적 합리성에 초점을 맞췄다면, 정약용은 그보다 한 걸음 더 나아가 법을 집행하는 이의 마음가짐과 윤리적 책임까지 철저히 규율하고자 했다.

정약용은 『흠흠신서』 곳곳에서 판결을 내리는 이가 느끼는 죄책

감, 고민, 두려움까지 현실적으로 다루었으며, "의심스러우면 형벌을 보류하고, 두렵다면 다시 살피라"고 조언했다. 이는 조선의 현실 속에서 법이 단지 제도를 위한 수단이 아니라, 백성의 생명과 존엄을 지키는 최후의 보루가 되어야 함을 강조한 것이다.

결국, 정약용에게 법이란 살아 있는 생명의 언어였으며, 정의란 권위의 칼날이 아니라, 억울한 이들의 눈물을 닦아주는 따뜻한 손길이어야 했다. 법관의 붓끝 하나가 사람의 운명을 가를 수 있다는 엄중한 인식은, 오늘날에도 유효한 법치의 윤리적 기초가 아닐 수 없다.

이재명, 제도 밖 시민을 향한 정의의 실험

이재명이 마주한 정의의 출발점은 법전이 아니라, 현실의 결핍이었다. 그가 말한 정의는 이렇게 요약된다.

"법은 존재하는 것만으로 충분하지 않다. 법이 있어도, 그것이 닿지 않는 곳에서는 사람이 무너진다."(김민정·김현정, 『인간 이재명』 재구성)

이재명은 성남시장과 경기도지사 시절, 제도권 밖에 놓인 시민들을 위한 정의 구현에 힘썼다. 그의 핵심적인 실험은 크게 두 가지로 요약된다.

첫째, 기본소득 실험을 통해 경제적 인간 존엄성을 회복하고자 했다. 만 24세 청년에게 연간 100만 원의 지역화폐를 지급하는 청년배당을 시작으로, 농민기본소득, 장애인기본소득 등 계층별 확장을 설계했다.

이는 단순한 현금 지급이 아닌, 출발선의 불평등을 해소하고 공정한 기회를 제공하기 위한 철학적 기반을 가진 정책이었다. '퍼주기', '선심성 정책'이라는 비판 속에서도 그는 기본소득을 "복지가 아니라 권리이며, 존엄의 회복"이라고 강조했다.

둘째, 공공의료 시스템 구축을 통해 병원 밖 환자들을 위한 시스템을 마련하고자 했다. 10년 동안 지연되었던 성남시립의료원 건립을 주도하고, 감염병 및 응급 중심의 공공의료 시스템을 강화했다. 또한 의약품과 장비의 투명 구매 시스템을 도입하고, 취약 계층을 중심으로 무상 의료를 확대하는 정책을 설계했다. 그는 병원을 단순한 '시장'이 아닌 '공공'의 영역으로 보고, "병원은 수익보다 생명을 지켜야 한다"고 주장하며 인간 중심의 의료 시스템 구축을 위해 노력했다.

이러한 실천들은 법이 미치지 못하는 곳에서 정치가 해야 할 역할을 증명한 사례였다. 그는 선언했다.

"정의로운 나라, 공정한 나라. 함께 사는 나라를 만들겠습니다."
- 이재명 21대 대통령 출마 선언문

이러한 이재명의 실천들은 제도 바깥의 시민들을 위한 정의 구현에 얼마나 깊은 고민을 가지고 있었는지를 보여주고 있다.

이재명은 기본소득과 공공의료를 통해 사회적 약자에게 공정한 기회를 제공하고, 인간다운 삶을 보장하고자 했다.

그는 현실정치에서 구체적인 정책을 통해 정의를 실현하고자 했다. 특히, 이재명은 현실 사회의 불평등을 해소하기 위한 구체적인 정책을 제시하고, 이를 통해 정의를 실현하고자 했다.

법과 현실 사이에서 정의는 어떻게 살아남는가?

정약용은 법을 정의의 출발점이자 동시에 그 한계로 인식했다. "법이 정의를 해치는 순간, 그 법은 개혁되어야 한다."(정약용, 『흠흠신서』)

이재명은 법이 닿지 못하는 곳에서, 정치가 해야 할 일을 말했다. "법이 사람을 구하지 못할 때, 정치가 그 틈을 메워야 한다."

그들은 추상적 정의를 말하지 않았다.

정약용은 범죄자 한 명을 살리기 위해 판결 문장을 다듬었고, 이재명은 예산 배분의 기준을 바꾸어 시민의 삶을 실질적으로 구제했다. 정의란 말이 아니라 제도와 구조 속에 구체화된 철학이었다.

정의는 쉬운 말이지만, 어려운 실행이다. 정약용은 고립된 유배지에서 법률서 대신 사람을 위한 판결서를 썼고, 이재명은 혼란한 정치현장에서 정책서를 통해 현실의 구제책을 설계했다. 정의는 법률 용어가 아니다. 정의는 권력을 쥔 자가 가장 약한 존재를 보호하기 위해 만드는 구조에서 생명력을 얻는다.

두 사람은 그 구조를 말이 아닌 실천과 설계로 남긴 사람들이다.

☑ 정의는 추상적이지 않다.

☑ 정의는 법과 현실 사이의 틈을 메우는 기술이며, 그 기술을 구조로 바꾼 리더가 진짜 정치인이다.

☑ 나는 누구의 정의를 믿는가?

☑ 말뿐인 정의인가, 아니면 제도와 실천으로 살아 움직이는 정의인가?

"법은 백성을 위해 존재하며, 형벌은 억울함이 없도록 해야 한다. 형을 씀에 있어 반드시 진실을 밝혀야 하고, 사랑과 공평함이 함께하지 않으면 법은 흉기가 된다."
– 정약용, 『흠흠신서』 서문

공감과 배려의 리더십

　정치는 숫자를 다루는 기술이 아니라, 사람을 위한 철학이다. 사람을 중심에 두는 감각, 그 감각을 끝까지 지켜내는 실천이 진짜 행정이다.

　정치란 사람을 위한 기술이다. 행정의 목적은 무엇인가?

　권력을 유지하는 수단인가, 숫자를 관리하는 기술인가?

　정약용과 이재명은 모두 이렇게 말한다.

　"정치와 행정은 '사람'을 위해 존재한다."

　둘은 시대는 달랐지만, 사람 중심 행정이라는 공통된 철학을 실천으로 남겼다.

　정약용에게 그것은 '애민', 이재명에게 그것은 '민생'이었다.

정약용, 애민의 행정을 설계하다

정약용은 정치의 출발점을 '민民'에서 찾았다. 그에게 수령은 단순한 행정관이 아니라, 백성의 고통을 감당하고 삶을 책임지는 자리였다.

『목민심서』 곳곳에는 '애민'이 단순한 도덕적 외침이 아니라, 구체적인 행정 원칙으로 설계되어 있다.

"공사에 틈이 있으면 반드시 정신을 집중하여 고요히 생각하며 백성을 편안히 할 방책을 헤아려 내어 지성으로 잘되기를 강구해야 한다."(정약용, 『목민심서』, 「율기」)

정약용의 애민 행정은 감성에 호소하는 것이 아니라, 실질적인 제도와 실천을 통해 구현되었다. 예를 들어 자연재해가 발생했을 때는 세금 유예를 원칙으로 삼았고, 형벌은 가능한 한 가볍게 하되 억울한 일이 없도록 신중히 판단할 것을 강조했다. 또한 토목, 농업, 시장 질서에 이르기까지 백성의 일상과 밀접한 영역을 세심하게 조정함으로써 삶의 안정을 도모하고자 했다.

"사람을 아끼는 것이 정치의 시작이며, 제도를 만드는 이유는 사람을 편안하게 하기 위함이다."(정약용, 『목민심서』)

그의 애민정신은 말이나 이상이 아니라, 법조문과 행정지침으로 정리된 실천 윤리였다. 그는 수령이 따라야 할 행정 기준을 12편 72조로 정리하여, '백성을 향한 정치'가 어떻게 제도화되어야 하는지를 구체적으로 보여주었다.

정약용은 정치를 공동선共同善을 실현하는 활동으로 보았으며, 시민의 행복과 번영을 궁극적인 목표로 삼았다. 정약용은 백성의 삶을 개선하고 공동체의 안정을 추구하는 데 정치의 본질이 있다고 보았다.

정약용은 조선이라는 현실 속에서 수령이 마주하는 행정적 과제를 분석하고, 실천 가능한 방안을 제시하는 데 집중했다. 특히 그는 백성의 고통을 줄이고 억울한 일이 생기지 않도록 하는 것을 수령의 최우선 과제로 삼았으며, 이는 철학자이면서도 행정 설계자였던 정약용만의 독보적인 실천 정신을 보여준다.

결국 정약용에게 '애민'은 말이 아니라 제도였고, 감정이 아니라 설계였다. 그의 정치는 '백성의 삶을 구체적으로 어떻게 편안하게 할 것인가'라는 질문에 대한 실천적 해답이었다.

이재명, 민생을 최우선 과제로 삼다

이재명은 스스로를 '정치인'이 아니라 '행정가'라고 불렀다.

그가 가장 많이 언급한 단어는 '민생'이었다.

"정치는 멀리 있는 게 아니다. 밥 한 끼, 일자리, 병원, 집처럼 우리가 사는 자리를 바꾸는 것이 바로 정치다."(김민정·김현정, 『인간

이재명』재구성)

그의 민생 정책은 감성이 아니라 구조 설계였다.

이재명은 다양한 민생 실천 사례를 통해 시민들의 삶을 실질적으로 개선하고자 노력했다. 먼저, 청년과 노인을 위한 맞춤형 정책을 추진했다.

만 24세 청년에게 연 100만 원을 지급하는 청년배당을 시행하고, 무상교복 지원, 노인 일자리 확대 등 세대별 특성을 고려한 행정을 펼쳤다.

또한, 가계 부담을 줄이는 생활복지 정책을 적극적으로 추진했다.

산후조리비 지급, 치과 주치의제, 시립의료원 설립 등을 통해 시민들의 의료 접근성을 높이고 실질적인 경제적 부담을 경감시켰다. 이러한 정책들은 생활 밀착형 복지를 확산하는 데 기여했다.

더불어, 소외계층에 대한 시스템적 접근을 통해 복지 사각지대를 해소하고자 노력했다. 찾아가는 복지팀을 운영하여 복지 혜택을 받지 못하는 이들을 발굴하고, 24시간 응급 돌봄 체계를 구축하며, 장애인 활동 보조를 확대하는 등 사회적 약자를 위한 지원을 강화했다.

이처럼 이재명은 청년부터 노인, 소외계층까지 아우르는 다양한 민생 정책을 통해 시민들의 삶의 질을 높이는 데 기여했다.

그의 철학은 분명했다.

"정치라고 하는 것이 결국은 편 나눠서 싸우는 것이 아니라 궁극적인 목표가 우리 국민들의 더 나은 삶을 만드는 것입니다."(이 재명, 더불어민주당 민생연석회의 20대 민생의제 발표회 인사말, 2025. 3. 12.)

그리고 그는 선언했다. "복잡한 말보다 중요한 건 삶의 변화입니다. 정치는 삶을 바꾸는 일이어야 합니다."(이재명, 21대 대통령 출마 선언문)

행정은 말이 아니라, 시민의 삶에서 체감 가능한 변화로 입증되어야 한다는 것이 그의 원칙이었다.

이재명은 이러한 민생 중심 행정을 통해 교육, 의료, 일자리 등에서의 실질적 기회를 보장하고자 하였다. 이재명은 실질적으로 가능한 지방행정의 구체적 정책으로 접근하여 현실성을 드높였다.

애민과 민생은 같은 뿌리를 공유한다

정약용은 사람 중심의 행정을 글로 설계했다.

이재명은 그 철학을 정책으로 구현했다.

정약용은 "백성 없는 법은 죽은 법"이라 했고, 이재명은 "사람을 위한 정치가 아니면 정치가 아니다"라고 말했다. 둘 다 행정과 제도가 사람을 향하지 않으면 무의미하다고 보았다. 정약용의 애민이 『목민심서』라는 설계서에 담겼다면, 이재명의 민생은 조례와 예산, 행정 제도를 통해 시민의 삶 속에 침투하는 방식으로 실현되었다.

리더는 누구를 중심에 두고 정치를 하는가?

정약용은 굶주린 백성 앞에서 법과 도덕은 무력하다고 봤다. 그는 정치란 백성의 고통을 줄이기 위한 기술과 감각의 융합이라 믿었다.

이재명은 예산서 속 숫자들을 한 명의 시민의 삶으로 전환하는 데 집중했다. 그는 교복비, 병원비, 월세 한 줄이 누군가의 삶과 직결된다고 믿었다.

민생을 향한 정치란, 권력 중심이 아니라 시민 중심의 행정이다. 정치는 결국 선택이다.

그 선택이 향하는 방향이 '사람'인지, 아니면 '권력'인지에 따라 정치는 전혀 다른 얼굴을 갖게 된다.

☑ 정치는 기술이 아니라 감각이다.

☑ 사람을 중심에 두는 감각, 그 감각을 끝까지 지켜내는 실천이 진짜 행정이다.

☑ 나는 어떤 행정을 지지하는가?

☑ 사람을 향한 행정인가, 표를 위한 정치인가?

"행정은 국민의 삶을 개선하는 실질적 도구여야 합니다. 행정과 정치의 최종 목적은 결국 국민 한 사람, 한 사람의 삶을 더 낫게 만드는 것입니다."

– 이재명, 더불어민주당 지방자치대상 시상식 환영사, 2025. 2. 10.

미래를 향한 책임감

정치의 무게는 말이 아니라, 기록에서 드러난다. 책임지는 정치란 기록 가능한 약속을 실현한 사람의 일이다.

기록되지 않은 정치에는 책임도 없다. 정치는 언변이 아니다.

행정은 구호가 아니라 기록과 문서에서 출발한다. 정약용과 이재명은 시대를 달리했지만, 한 가지 점에서 분명한 철학의 공통점을 갖는다. 정치는 문서화된 약속이 되어야 하며, 행정은 실천 가능한 글이 되어야 한다는 것이다.

정약용은 유배지에서 『목민심서』 「이사莅事」를 통해 여러 가지의 행정사례를 정리하며 '글로 된 행정'을 남겼고, 이재명은 집무실에서 하나하나의 공약을 실현 가능한 문서로 구체화하며 '문서로 정치하는 리더'의 모델을 세웠다.

정약용은 『목민심서』 제6조 「이사」에서 수령이 부임한 날부터 어떤 기록을 남겨야 하는지를 치밀하게 규정한다. 백성과 약속한 행정의 기한은 반드시 기록되어야 했고, 그 이행 여부를 백성 스스로 확인할 수 있어야 했다. 명령은 말이 아닌 문서로 내리고, 약속은 기억이 아닌 기록으로 남겼다.

그는 기한과 문서를 경시하면 백성의 신뢰를 잃는다고 경고했다. 그래서 정약용은 부임 첫날 책력을 참고해 '기한책'을 만들고, 행정의 기한을 명시하며 백성과의 신뢰 기반을 다졌다. 백성의 호소를 접수할 때도 "판결은 반드시 간결하고, 내용은 문서로 남기라"고 강조했다. 모든 사안은 문서화하여 참고로 남기고, 그 문서는 다음 세대 수령들의 실천 기준이 되어야 했다.

특히, 그는 다음과 같이 말한다.

"관청의 일은 기한이 있는데, 기한을 믿지 않으면 백성들이 명령을 희롱한다. 기한은 믿게 하지 않을 수 없다."(정약용, 『목민심서』)

뿐만 아니라, 관아 벽에는 본현本縣의 지도를 걸어 백성들과의 소통과 행정 이해를 높였고, 민원이 있으면 백성들이 언제든 북을 쳐서 수령을 찾을 수 있도록 문설주에 북을 달았다. 이것이 정약용이 강조한 "문서로 신뢰받는 행정"이다.

그는 상명하복이 아닌, 기록과 확인의 체계 속에서 행정이 이루어져야 한다고 보았다. 인장 하나조차도 명확히 새기지 않으면 아전이 농간을 부릴 수 있음을 지적하며, 글자 하나, 인장의 획 하나까지도 정치의 실천이라고 보았다. 정약용에게 행정은 '보여주기'가 아니라 '남기는 것'이었다.

정약용의 행정 철학은 명확했다. "모든 행정 판단은 반드시 문서로 남아야 하며, 그 기록은 다음 세대가 실천할 수 있는 기준이 되어야 한다." 그는 말이 아니라 기록, 감정이 아니라 체계를 강조했다. 『목민심서』의 수많은 조항들은 단순한 지시가 아니라, 수령이 실무에서 따라야 할 실질적인 운영 매뉴얼이었다.

그의 행정 원칙은 문서화된 규율을 통해 공직자의 자의적 판단을 견제하고, 백성의 권익을 제도적으로 보호하려는 노력이었다. 정약용은 조선의 현실 속에서 행정의 투명성과 효율성을 끌어올리기 위한 문서 기반의 행정 시스템을 정착시키고자 했다.

이 철학은 오늘날 이재명의 정치 방식과 놀라운 접점을 갖는다. 이재명 역시 "정치는 말이 아니라 기록이며, 공약은 선언이 아닌 계약"이라고 강조했다. 그는 모든 정책과 약속을 문서로 정리하고, 실시간 점검 가능한 시스템으로 시민 앞에 제시했다. 정약용이 붓으로 기록한 행정 윤리가 오늘날 이재명의 공약 노트와 정보공개 조례로 이어졌다는 사실은, 리더십의 본질이 시대를 초월해 기록과 실천 위에 세워져야 한다는 진리를 다시금 일깨워준다.

이재명은 "정치는 말이 아닌 문서로 준비돼야 한다"고 말한다. 성남시장, 경기도지사를 지내는 동안 그는 집무실에 항상 '공약 노트'를 두었다.

이 노트는 공약의 실행계획서이자, 정책의 설계도였다. 조례 근거, 예산 소요, 실행 부서, 일정표, 성과 점검표까지 공약 하나하나가 문서로 체계화되었고, 그 진행 과정은 시민 누구나 확인할 수 있게 공개되었다.

그의 말처럼, "공약은 그냥 말이 아니라 시민과의 계약이다. 계약은 반드시 기록으로 남겨야 하고, 시민 누구나 언제든지 그 내용을 확인할 수 있어야 한다."(김민정·김현정, 『인간 이재명』 재구성)

정약용이 수령의 책임을 문서로 남기려 했던 것처럼, 이재명도 리더의 책임을 기록으로 남기려 했다. 시민이 참여하고 감시할 수 있는 행정, 문서로 증명 가능한 정치는 그의 방식이었다.

회의 중 질문이 나오면 그는 기억에 의존하지 않고 노트를 펼쳤다. 그리고 "해당 공약은 어디 조례 몇 조, 예산 몇 원으로 구성돼 있다"고 문서로 답했다. 실천 없는 구호가 아니라, 글로 남기고 책임지는 정치였다.

이재명은 시민 참여와 사회적 약자를 위한 정책 추진에 더 큰 가치를 두었다. 특히, 이재명은 시민의 알 권리를 보장하고, 정책 추진 과정의 투명성을 확보하기 위해 공약 노트를 적극적으로 활용했다.

정치의 진정성은 문서에 있다

정약용과 이재명은 정치의 진정성이 글에 담겨야 한다는 공통된 신념을 실천했다. 정약용은 유배 중 수많은 사례를 분류하고, 실천지침을 통해 공직자들이 백성을 위한 기준을 따르도록 했다. 이재명은 공약을 슬로건이 아니라 실행 가능한 문서로 전환했으며, 이 문서는 실시간 점검되고 공개되는 시스템 속에 있었다. 둘다 행정은 감각이 아니라 기록, 정치는 언변이 아니라 문서화된 약속이라는 점을 증명했다.

정약용의 『목민심서』는 지금도 수많은 공직자들의 윤리 교과서로 남아 있고, 이재명의 공약 노트는 시민 정책실현 보고서로 바뀌어 실제 삶에 닿았다.

말은 흩어지지만, 글은 실천을 남긴다

정약용의 글은 유배지에서 시작됐지만, 그 글은 조선 말기 행정 개혁의 기준이 되었다. 글로 행정을 구현한 『목민심서』의 행정 절차는 일회성 보고서가 아니라, 행정을 설계하고 제도화한 문서 유산이다.

이재명의 공약 노트는 단지 선거용 도구가 아니었다. 그 문장은 예산안으로, 조례안으로, 행정 지시문으로 구체화되었고, 그 문서들은 시민의 복지, 의료, 주거, 교육을 실질적으로 바꾸는 성과로 이어졌다. 정치는 말로 시작될 수 있다.

그러나 글로 실현될 때, 그 정치가 남는다.

☑ 정치는 말이 아니라 문서다.

☑ 책임지는 정치란 기록 가능한 약속을 실현한 사람의 일이다.

시민 질문

☑ 나는 어떤 정치를 믿는가?

☑ 감정적인 연설인가, 문서로 검증 가능한 정책인가?

"『경세유표』가 48권이니 편찬의 일을 마치지 못하였고, 『목민심서』가 48권이고, 『흠흠신서』가 30권이다. 나는 평생의 저술을 통해 경經을 세우고 기紀를 펼쳐 나라를 다시 새롭게 하려 했다."

– 정약용, 『경세유표』 서문 및 자찬묘지명

신뢰를 구축하는 구조

신뢰는 의도가 아니라 구조에서 탄생한다. 투명한 시스템이 없는 정치에는 어떤 말도, 어떤 약속도 오래가지 않는다. 신뢰는 말에서 시작되지만, 그 말을 뒷받침할 제도와 시스템이 없다면 결국 모래성처럼 무너진다. 정약용과 이재명은 개인의 선의나 지배자의 카리스마가 아닌, 견고한 구조와 명확한 절차를 통해 신뢰를 회복하고자 했다.

정약용, 제도를 설계한 신뢰의 건축가

정약용은 조선 사회의 근본 문제를 진단하고 이를 구조적으로 개선하기 위해 수많은 개혁서를 남겼다. 특히 『경세유표』는 조선의 법과 제도를 전면적으로 재설계한 보고서로, 법령의 혼란과 절차의 비효율이 백성을 고통스럽게 만든다는 점을 지적했다. 그는 수령의 '마음가짐'에만 기대는 정치를 비판하며, 법과 제도는 개인의 의지가 아닌 반복 가능한 구조가 되어야 한다고 주장했다. 『흠흠심서』에서는 재판의 절차와 증거의 신뢰성을 구조화했고, 『목민심서』에서는 세금, 인사, 부역, 상벌, 문서 관리 등 모든 행정 과정을 제도적 루틴으로 정리했다. 그의 목표는 '좋은 사람이 통치하는 나라'가 아니라, '누가 맡아도 정의롭게 기능하는 나라'를 만드는 것이었다.

"수령이 일을 하면서 법전도 없이 자기 생각대로 처리한다면, 과연 직무를 제대로 해낼 수 있겠는가. 여러 조항을 근거 삼아 맡은 일을 잘 해내려는 두려움이 있어야 한다." 정약용의 이 말은 개인의 의지가 아닌, 시스템과 제도가 행정의 바탕이 되어야 함을 명확히 했다.

이재명, 시스템으로 말한 리더

이재명 역시 개인의 역량보다 시스템을 통한 신뢰 구축에 집중했다. 그는 성남시장과 경기도지사 시절, '시민이 행정의 주인이 되는 시스템'을 만들기 위해 끊임없이 제도적 장치를 마련했다.

단순히 시민 참여를 외친 것이 아니라, 시민의 권한을 구체화하는 제도적 기반을 다졌다.

　그는 "시스템은 사람보다 오래간다. 신뢰는 감정이 아니라 구조의 결과다"라고 강조했다. 성남시에서는 시민들이 직접 조례안을 발의하고 토론하여 시의회에 상정할 수 있는 '시민조례발안제'를 도입했고, 경기도에서는 청년기본소득을 통해 복지를 단순한 시혜가 아닌 '권리'로 제도화했다. 시장 재임 시절에는 자신의 이메일을 공개해 시민들이 직접 행정을 감시하도록 장려했다. "신뢰란 숨기지 않는 것이다. 모든 권력은 감시받을 때 가장 잘 작동한다"는 그의 신념은 행정 전반에 깊이 반영됐다.

정치의 기술은 시스템이다

　정약용은 『목민심서』에서 "수령이 문서를 제대로 관리하지 않으면, 백성은 늘 억울하게 된다. 기록은 공정의 시작이다"라고 강조했다. 기록은 단지 행정의 보조 수단이 아니라, 정치를 정의롭게 작동시키는 핵심 장치였다.

　이재명 역시 "나는 문서로 정치하는 사람이다. 정치란 말이 아니라, 책임이 남는 기록이다"라고 말하며 정치의 본질은 말이 아닌 구조와 기록에 있다고 보았다. 그에게 정치는 문서화된 책임의 실천이자, 시민이 언제든 검증할 수 있는 시스템 위에 세워진 구조였다.

　이처럼 두 사람은 모두 신뢰가 선한 의도나 개인의 도덕성에서 비롯되지 않음을 실천으로 증명했다.

시스템 없는 신뢰는 오래가지 않는다

　신뢰는 투명하고 반복 가능하며, 예측 가능한 구조 안에서 자라난다. 정치는 보이지 않는 과정을 보이게 하는 기술이며, 그 기술의 핵심은 시스템이다.

　정약용은 수령의 자의적 통치를 견제할 수 있는 제도적 장치를 설계했고, 이재명은 시민이 직접 참여하고 감시하는 구조를 행정 곳곳에 이식했다. 이들은 권력의 작동 방식을 가시화하고, 시민의 통제를 가능하게 하며, 정치가 신뢰를 얻는 가장 현실적인 방식을 보여주었다.

　이재명은 시민의 참여를 제도화하고, 행정의 투명성을 높이는 시스템을 통해 시민의 권리를 보장하고 신뢰를 쌓아가고자 했다. 단기적인 성과나 개인의 선의에 기대는 방식이 아니라, 반복 가능한 절차와 책임 있는 기록으로 민주주의를 실현하고자 했다. 이 길이야말로 진정한 시민 주권 시대의 정치이며, 지속 가능한 신뢰의 기반이다.

☑ 신뢰는 의도가 아니라 구조에서 탄생한다.

☑ 투명한 시스템이 없는 정치에는 어떤 말도, 어떤 약속도 오래가
지 않는다.

시민 질문

☑ 나는 신뢰를 어떻게 판단하는가? 리더의 말인가, 시스템의 투명
성인가?

☑ 시민이 감시하고 설계하는 구조는 충분한가?

"공무원들의 비리를 근절하는 동시에, 부당한 압력 없이 소신껏
일할 수 있도록 보호해야 한다. 자신의 가족이나 측근이 청탁을
하면 즉시 본인에게 신고하게 했고, 익명 신고를 위해 이메일과
전화번호를 공개했다."
– 이재명, 성남시장 재직 당시 시스템 개혁 사례

이재명의 개혁
– 성남시장 및 경기도지사 시절 업적 –

이재명은 2010년 성남시장 당선 후 빚더미 도시를 실용 행정으로 되살렸고, 경기도지사 재임 중에도 민생 중심 개혁을 추진했다.
그는 뛰어난 실행력과 약자를 향한 애민정신으로 다음과 같은 10가지 주요 성과를 남겼다.

- **부채 도시 재정 회생** 성남시 5,200억 원 채무를 3년 만에 완전 청산하였다.
- **보편복지 실현** 청년배당, 무상교복, 산후조리비 등 실험적 복지를 시행해 시민이 체감하는 복지 체계를 만들었다.
- **재정 운용의 투명성 강화** 불필요한 특혜 계약을 축소하고 예산 집행을 공개하여 재정 신뢰를 높였다.

- **공공의료 강화** 성남시립의료원 설립과 경기도 감염병 대응 체계 구축으로 의료 공백을 해소했다.
- **재난 대응 선도** 전국 최초로 재난기본소득을 지급하며 위기 속 민생을 보호했다.
- **공공배달앱 도입** 수수료 부담을 낮추는 '배달특급'을 출시해 소상공인 지원에 앞장섰다.
- **기본정책 실험** 기본소득형 국토보유세, 기본주택 등 분배와 주거 정의를 위한 정책 실험을 확대했다.
- **부동산 투기 차단** 공직자 부동산 백지신탁 추진과 LH조사로 정의로운 부동산 질서를 추구했다.
- **노동존중 행정** 특수고용노동자 보호 정책과 경기도 노동국 신설로 노동 권익을 강화했다.
- **불평등 해소 철학 실천** 복지와 성장의 선순환을 목표로 '모두의 행복'을 위한 행정을 추진했다.

Chapter 4

권력 앞에서 드러난
리더의 품격

"물은 배를 떠 있게 하지만, 또한 뒤집을 수도 있다. 이처럼 백성(물)은 임금(배)을 지지하기도 하지만, 임금이 잘못된 길을 가면 그를 심판하고 교체할 힘도 가지고 있다. 통치자의 권력은 결국 백성의 지지에서 비롯되며, 백성의 뜻을 거스르면 그 권력은 언제든 무너질 수 있다."
– 한승원, 『다산茶山』, 재구성

흔들리지 않는 신념

리더는 권력을 쥐었을 때가 아니라, 그 권력을 잃었을 때 무엇을 지키는가로 평가된다.

진짜 리더십은, 보호가 사라졌을 때 드러난다. 정치에서 보호는 곧 힘이다. 왕의 신임, 당의 지원, 언론의 호의, 지지자의 환호 이 모든 것이 리더를 떠받치지만, 그 보호막이 사라졌을 때, 진짜 리더는 무엇을 지키는가로 평가된다.

정약용과 이재명은 모두 권력의 중심에서 밀려난 순간, 누구도 대신 책임져 주지 않는 자리에서 자신의 철학과 태도를 선택했다.

그들은 침묵하거나 도망가지 않았고, 오히려 더 단단한 사유와 실천으로 스스로를 증명했다.

정조가 떠난 뒤, 조정은 적이 되었다

정약용에게 정조는 군주인 동시에 사상적 동지였다.

정조는 정약용을 규장각의 핵심 인물로 등용하며 실학 개혁의 실질적 추진자로 삼았다. 그러나 1800년, 정조가 갑작스레 사망하자 조정은 급변했다. 노론 세력이 복권되었고, 남인과 천주교는 박해의 대상이 되었으며, 정약용은 "이단에 물든 자"라는 탄핵 명분 아래 고향에서 체포되었다.

> 우리 형은 더 거센 바람을 만나
> 깊은 바닷속까지 들어갔다네
> 두고 온 아내는 과부가 되고
> 이별한 자식은 고아가 됐다네
> ― 정약용, 북풍이 나를 몰고 오다가, 『다산시문집』

그는 억울했지만, 항변하지 않았다. 정약용은 스스로를 돌아봤고, 그 고통 속에서 '진짜 해야 할 일'을 찾았다. 그가 선택한 것은 권력 투쟁이 아닌, 백성을 위한 글쓰기였다. 그의 『경세유표』, 『목민심서』, 『흠흠신서』는 바로 이 정치적 고립과 사회적 단절 속에서 탄생한 유산이었다.

그는 왕의 신임은 잃었지만, 백성에 대한 책임은 포기하지 않앗다.

정약용은 비록 정치적 패권에 휘말려 유배되었지만, 유배지에서 4서5경을 재해석하고 1표2서를 저술하는 등 600여 권의 책을 통해 실학을 집대성하였다.

정약용은 유배라는 고립된 상황 속에서도 끊임없이 저술 활동을 이어가며 조선 사회의 문제점을 진단하고 개혁 방안을 제시했다. 그는 현실정치 개혁을 위한 실천적 방안을 끊임없이 모색했다.

이재명, 홀로 감당한 시대의 무게

한때 이재명은 정치의 중심에 있었다.

성남시장, 경기도지사, 대선 후보, 제1야당 대표. 그는 당의 상징이자, 개혁의 깃발이었다. 그러나 대선 패배 이후 상황은 급변했다. 당내 갈등은 깊어졌고, 리더십은 시험대에 올랐으며, 각종 의혹과 수사가 끊임없이 이어졌다. 국회는 그의 운명을 표결에 부쳤다. "검찰의 칼날이 나를 겨누지만, 두렵지 않습니다. 불의와 타협하지 않았습니다."(이재명, 국회 연설 중)

2023년 9월, 그는 침묵을 선택했다. 그러나 당내 일부 동료들은 외면했고, 언론은 냉담한 시선을 보냈다. 그는 정치적 방패를 잃은 채, 홀로 싸움을 이어갔다. 그럼에도 그는 민생, 기본소득, 공공의료, 시민 중심 정치라는 신념의 끈을 놓지 않았다. 그의 말보다 그의 행동이, 그의 고독보다 그의 실천이 더욱 빛났다.

이재명의 침묵은 중세 유럽의 '양심적 고행자들'처럼, 자신의 신념을 온몸으로 증명하며 정치의 본질을 일깨우는 행위였다. 세속 권력에 굴복하지 않고, 고통 속에서도 이상을 지키려는 그의 모습은 시민들에게 '정치란 무엇인가'를 다시 묻게 했다.

"어떤 어려움에도 민생을 포기하지 않겠습니다. 국민을 위한 길이라면, 어떤 길이든 마다하지 않겠습니다."(이재명, 21대 대통령 출마 선언문)

그가 선택한 싸움은 '권력을 위한 싸움'이 아니라, '원칙을 위한 싸움'이었다. 고독 속에서도 그는 타협하지 않았고, 희망을 노래했다. 자신의 정치적 신념을 표현하고, 국민들에게 희망의 메시지를 전달하고자 했다. 이재명은 제도권 정치 안에서 자신의 목소리를 내며 정치 개혁을 이루고자 했다. 그는 침묵을 통해 국민들과 소통하고자 했다.

권력을 잃은 자, 철학으로 남을 수 있는가?

정약용도, 이재명도, 가장 고립된 순간에 진짜 리더십의 얼굴을 드러냈다.

정약용은 정조의 사망 이후 정치적 기반을 완전히 상실했지만, 그 시기 가장 중요한 개혁 서적들을 완성했다.

이재명은 당내 기반이 흔들리고, 검찰의 수사와 언론의 의혹 속에 빠졌지만, 민생이라는 정치의 본질적 과제를 더욱 명확히 붙잡았다.

그들은 권력을 잃었지만, 원칙과 사상은 잃지 않았다. 그 길은 더디고 외로웠지만, 그 길만이 정치가 사람을 향할 수 있는 유일한 길이었다.

외로움은 리더를 검증하는 시간이다

정약용의 유배는 "역사상 가장 고립된 지식인의 기록"이라 불릴 수 있다. 그는 조정에서 버려졌지만, 역사에는 가장 오래 기억되는 정치철학을 남겼다.

이재명의 단식과 수사는 "21세기 정치에서 가장 고독한 리더의 장면"이었다. 당의 기류가 식고, 지지율이 흔들리는 순간, 그는 더 많은 말보다 더 단단한 실천으로 정치를 이어갔다.

그들은 보호가 사라진 자리에서도 스스로를 잃지 않았고, 철학을 버리지 않았으며, 사람을 향한 정치만은 포기하지 않았다.

☑ 리더는 권력을 쥐었을 때가 아니라,

☑ 그 권력을 잃었을 때 무엇을 지키는가로 평가된다.

☑ 내가 신뢰하는 정치인은 외로워도, 손해를 봐도 지켜야 할 것을
지켜본 적이 있는가?

"촛불혁명으로 세상이 바뀌는 줄 알았지만, 권력은 바뀌었는데
왜 나의 삶은 바뀐 게 없느냐… 결국은 국민이 하는 것입니다.
국민의 명령을 충실히 이해하고 이행하는, 진정한 민주공화국
을 함께 만들어 갑시다."
– 이재명, 윤석열 대통령 탄핵소추안 가결 직후 여의도 연설, 2024. 12. 14.

한계에 도전하는 개혁가

개혁은 언제나 충돌을 동반한다. 정약용은 사대부 체제에 맞섰고, 이재명은 현재의 기득권과 대치했다. 박수를 받기보다는 고립을 견뎌야 했던 두 사람은 끝내 타협하지 않았다.

정약용과 이재명은 서로 다른 시대를 살았지만, '기득권과의 충돌'이라는 동일한 숙명을 감내했다. 조선의 당쟁 정치와 오늘날의 정치 카르텔.

두 사람은 모두 견고한 권력의 그물망에 균열을 내는 자였고, 그 대가로 배척당하고 고립되었지만, 끝내 자신의 길을 멈추지 않았다.

정약용, 사대부 체제와 맞선 실학자

정약용은 조선 후기 사상과 제도의 개혁을 꿈꿨다.

그는 성호 이익의 실학을 계승하며 양반제, 토지제, 노비제에 이르기까지 조선의 지배 질서를 뿌리째 재설계하려 했다.

"당시 조정에서는 이름만 도학道學을 내세우고 실제로는 탐욕과 아첨이 판을 쳤다. 유학儒學을 배운다고 하면서도 도리어 그 이름을 팔아 이익을 구했다."(정약용, 「자찬묘지명」).

그러나 그의 개혁은 기득권 세력인 노론에게 위협이 되었다. 정조 사망 이후, 노론은 조정을 장악했고, 실학은 '이단', 천주교는 '반역'으로 규정되었다. 정약용은 형 정약종이 처형당하고, 자신은 "천주학자"로 몰려 강진 유배형을 선고받았다.

그는 단지 다른 생각을 했다는 이유만으로 체제의 이단자가 되었다.

정약용은 권력을 탐하지 않았지만, 권력은 그를 기득권 질서를 위협하는 위험한 존재로 여겼다. 그는 조선의 사대부, 양반 중심 사회, 유교 권위체제 전체와 부딪혔다. 그리고 유배라는 대가를 치렀다. 그러나 그 유배에서, 그는 포기하지 않았다.

정약용은 실학을 통해 조선의 지배 질서를 비판하며 당시 유교 중심의 권력과 충돌했고, 유배라는 고통을 감내해야 했다. 그는 현실정치의 개혁을 통해 백성의 삶을 개선하고자 했다.

이재명은 기득권과의 충돌을 정치 초입부터 예고했다.

그는 성남시장에 취임하자마자, 조직보다 시민, 말보다 실행, 관례보다 실적을 앞세웠다. 그는 중앙정치의 방식과 '다른 결'의 리더였다.

"나는 중앙정치의 방식보다 시민의 삶에서 정치를 설명하고 싶습니다. 권력의 이익보다 더 중요한 건 원칙을 지키는 일입니다."(김민정·김현정, 『인간 이재명』 재구성)

이재명이 대선 후보로 떠오르자, 충돌은 본격화되었다.

그가 맞서 싸운 것은 단순한 당내 계파가 아니라, 정치-언론-사법이 얽힌 구조적 기득권, 이른바 정치 카르텔이었다. 대장동 개발 특혜 의혹, 성남FC 후원금 사건, 백현동 개발 의혹, 쌍방울 그룹과의 유착 의혹. 연이은 수사와 기소, 체포동의안 상정과 표결은 단순한 법적 사안이라기보다, 정치적 견제의 성격이 짙었다.

"기득권은 결코 스스로 물러나지 않습니다. 그들은 가진 모든 힘과 제도를 동원해 자신들의 자리를 지키려 합니다."(김준혁, 『왜 이재명을 두려워하는가』 재구성)

그는 단식을 통해, 연설을 통해, 행정을 통해 시민 중심 정치를 거듭 강조했다.

그의 정치는 보호막 없이, 시민과의 약속만을 남긴 채 고립된 채로 이어졌다. 그는 기득권의 외곽에서 정치의 본질을 붙잡고 있었다.

이재명의 이러한 정치 카르텔과의 충돌은 미하일 고르바초프의 소련 공산당과의 갈등과 유사한 측면을 보인다. 고르바초프는 페레스트로이카와 글라스노스트를 추진하며 소련 공산당의 기득권에 도전했고, 보수파의 반발을 샀다. 이재명 역시 한국 정치의 기득권 카르텔에 도전하며 개혁을 추진했고, 정치권의 견제를 받았다. 그러나 고르바초프가 소련 체제의 개혁에 집중한 것과 달리, 이재명은 시민 중심의 정책 추진을 통해 정치 개혁을 이루고자 했다는 점에서 차이를 보인다.

기득권은 왜 개혁가를 거부하는가?

정약용이 유배된 것은 그의 학문이 틀려서가 아니다. 그의 사유가 진실하고 정확했기 때문에, 더 큰 위협이 되었다. 이재명이 견제받는 것도 그의 정치가 불완전해서가 아니라, 그 정치가 기존 질서를 흔들기 때문이다. 기득권은 늘 변화를 반대하지 않는다. 그 변화가 '자기 자리를 위협할 때만' 반대한다. 정약용이 주장한 양반제 폐지와 과거제도 개혁은 조선의 사대부 사회가 감당할 수 없는 위협이었다.

이재명이 밀어붙인 토건 카르텔 해체, 복지 예산의 재구조화, 정책 중심의 정치 행위는 오늘날 정당, 관료, 언론, 사법의 '암묵적 연대 구조'를 흔드는 실질적 도전이었다. 기득권은 말한다. "위험하다." 하지만 그 말의 진짜 의미는 이렇다. "당신은 우리의 세계를 흔들고 있다."

고립 이후, 누가 무엇을 남기는가

정약용은 긴 유배 생활 속에서도 붓을 놓지 않고, 오히려 그 시간을 통해 역사에 길이 남을 위대한 저작들을 완성했다. 국가의 시스템을 근본적으로 개혁하고자 했던 『경세유표』, 백성을 다스리는 수령의 올바른 마음가짐과 실천 방안을 담은 『목민심서』, 그리고 억울한 사람이 없도록 사법 정의의 기준을 제시한 『흠흠신서』까지, 그는 정치의 중심에서는 멀어졌지만, 역사의 중심에 자신의 이름을 굳건히 새겼다. 마치 어둠 속에서 더욱 빛나는 별처럼, 그의 사상은 시대의 한계를 넘어 오늘날까지 깊은 울림을 전하고 있다.

이재명 역시 고립과 비난 속에서도 멈추지 않고 정책을 추진했다. 복지 예산 확대, 기본소득 도입과 같은 사회 안전망 강화, 공공 의료 시스템 구축을 통한 의료 접근성 향상, 그리고 민생 중심의 행정 정비까지, 그는 권력의 중심부에서는 불편한 존재였을지 모르지만, 시민들의 삶 속에서는 실질적인 변화를 만들어냈다.

그의 정책들은 때로는 논쟁을 불러일으키기도 했지만, 어려운 시대를 살아가는 사람들에게 희망의 불씨를 지피고, 더 나은 미래를 향한 가능성을 제시했다. 마치 거친 파도 속에서도 꿋꿋이 항해하는 배처럼, 그의 행보는 많은 이들에게 용기와 영감을 주었다.

☑ 기득권은 변화를 반대하지 않는다. 단지 그 변화가 자기 자리를 위협할 때만 반대한다.

☑ 개혁가는 늘 그 벽과 부딪쳐야 진짜가 된다.

☑ 당신이 지지하는 정치인은 기득권의 편인가,

☑ 기득권과 충돌할 용기를 낸 사람인가?

장부는 스스로 팔을 끊을 줄 안다壯夫先斷腕
그러나 세상은 오히려 그를 모함하였다世反中之以讒
그의 명성은 적막 속에 사라지고寂寞薰聲歇
병든 몸은 외롭게 의지할 데조차 없었다憑陵病骨單
평생을 지켜온 절개는 짓밟히고撞擊平生節
만년에도 위로받지 못했지만晩年少慰藉
이제야 그에게 은혜로운 명령이 내려져 관직이 회복되었다得此寵命複

– 정약용, 묵재 허상국 적의 관직이 복구되었다는 소식을 듣고, 『다산시문집』

157

부패에 맞서는 리더의 자세

청렴은 말이 아닌 선택이다. 자기 자신을 고발할 수 있는 용기에서 시작된다.

청렴이라는 단어는 마치 아름다운 꽃처럼 긍정적인 울림을 지니지만, 현실정치의 냉혹한 세계에서 청렴을 지킨다는 것은 화려함 뒤에 숨겨진 가시밭길을 걷는 고독한 결단과 같다. 권력의 주변부에서 이상적인 정의를 외치는 것은 어쩌면 쉬운 일일 수 있다. 하지만 그 권력의 핵심부에서 자신의 욕망을 억누르고 스스로를 감시하며, 때로는 자신의 모든 것을 내려놓는 선택은 인간적인 고뇌와 용기를 필요로 한다.

정약용은 권력의 정점에 가까이 있었음에도 불구하고, 부패한 현실과 타협하지 않고 스스로 물러나는 길을 택했다. 그의 청렴함은 단순한 도덕적 주장이 아니라, 자신의 안위보다 정의를 우선시하는 단호한 행동으로 증명되었다.

마찬가지로, 이재명은 주어진 권한을 남용하지 않고, 오히려 그 권력 내부를 감시하고 부정을 고발하는 시스템을 구축하고자 노력했다. 이는 자신의 권력을 내려놓는 것과 같은 어려운 선택이었으며, 청렴을 그저 아름다운 말로 포장하는 것이 아니라, 실질적인 행동으로 보여준 리더십의 중요한 사례이다.

이 두 사람은 고독했지만, 그들의 결단은 훗날 많은 이들에게 깊은 울림과 귀감이 되었다.

정약용, 사직으로 스스로를 정화하다

정약용은 1796년 동부승지로 임명된 지 약 한 달 만에 천주교에 연루되었다며 비방하는 참소를 받고 스스로 사직 상소를 올렸다.

이 상소는 정약용의 청렴함, 자기 성찰, 공직윤리 의식이 매우 잘 드러나는 고전으로, 기득권에 연루되지 않기 위해 스스로 물러나는 '정신적 결단의 사례'이다. 억울함을 호소함과 동시에, 자신에 대한 왕의 믿음을 저버리지 않기 위해 자진 사퇴를 청한 글로, 그의 결백함과 품격 있는 자세가 담겨 있다.

그는 조정 내부의 형식주의, 기득권의 위선, 사대부들의 위압적 위계를 참을 수 없었다. 그는 권력의 중심에 서 있었지만, 자기 자신이 권력에 물들고 있다는 자각 앞에 선 사람이기도 했다.

그는 벼슬보다 양심을 택했다. 그의 사직은 후퇴가 아니라 자기 혁신의 시작이었다. 벼슬을 내려놓은 뒤 그는 유배지에서 실학자로서의 삶을 다시 설계했고, 『경세유표』, 『목민심서』 등 실천적 유산은 바로 그때 탄생했다.

정약용의 이러한 사직 상소는 자신의 신념을 지키고 권력에 저항하는 모습을 보여주었다.

정약용은 권력에 대한 비판적 시각을 유지하며, 자신의 양심을 지키기 위해 사직을 선택했다. 그는 현실정치 개혁을 통해 백성의 삶을 개선하고자 했다.

이재명, 권력을 스스로 감사한 리더

이재명은 성남시장 시절부터 "권한은 책임과 감시가 동반되어야 한다"는 원칙을 정책에 반영했다. 그의 접근 방식은 직접적이고 단호했다.

먼저, 그는 자신의 이메일과 휴대폰 번호를 모든 공무원에게 공개하여 직접 소통을 장려했다. 또한, 청탁이나 외압 발생 시 시장에게 직접 보고하도록 의무화하고, 비리 적발 시 지위나 관계를 불문하고 즉시 직위 해제 조치를 시행했다. "정치는 시민의 신뢰

위에 세워진다. 그 신뢰는 용기 없이는 지킬 수 없다"는 그의 어록처럼, 그는 용기를 바탕으로 시민의 신뢰를 지키고자 했다. 더불어, 그는 청렴을 타인 감시가 아닌 자기 감시에서 시작해야 한다고 강조했다.

실제 사례를 보면, 부인 김혜경 씨가 공무원에게 사적으로 연락한 사건이 발생했을 때 직접 감찰을 지시했고, 측근 인사 우대 논란이 제기되자 인사위원회를 전면 외부화했다. 또한 시청 내에 '청렴감찰관 제도'를 도입하여 시장을 포함한 모든 부서를 감찰할 수 있도록 했다.

그는 말로 청렴을 말하지 않았다. 청렴은 자신부터 고발하는 구조로 설계해야 한다는 철학을 실천했다.

"규칙을 지켜도 손해가 없고 억울한 사람도 억울한 지역도 없는 나라, 기회는 공평하고, 공정한 경쟁의 결과 합당한 보상이 주어지는 사회여야 미래가 있습니다."(이재명, 20대 대통령 출마 선언문)

이처럼 이재명은 권력의 투명성과 책임성을 강화하기 위해 직접적인 소통, 엄격한 감시, 그리고 자기 감찰을 실천하며 공직 사회의 변화를 이끌고자 했다.

그는 감시받을 수 있는 권력만이 신뢰받을 수 있다고 믿었다.

이재명은 내부 고발과 정보공개를 통해 공직 사회의 부패를 감시하고, 시민의 알 권리를 보장하고자 했다. 그는 공직 사회의 윤리 확립과 투명성 확보를 통해 정치 개혁을 이루고자 했다.

청렴은 자기 고발의 구조다

정약용은 사직을 통해 스스로를 권력 구조 밖으로 옮겨 청렴을 실천했다.

이재명은 내부 고발과 감찰 시스템을 통해 자신을 권력의 내부에서 감시 가능한 존재로 만들었다.

한 사람은 내려놓음으로써, 다른 한 사람은 드러냄으로써 청렴이라는 가치 앞에서 자신을 먼저 세웠다. 청렴은 단지 타인을 꾸짖는 언어가 아니라, 자기 자신을 들여다보고 고발할 수 있는 용기에서 출발한다.

진짜 용기란 고발 이후를 감당하는 힘이다

정약용은 사직 이후 더 혹독한 시간을 보냈다. 정치적 기반 상실, 유배, 형의 사형, 가문의 고통. 그러나 그는 벼슬을 내려놓은 결정을 후회하지 않았다.

이재명 역시 내부 고발과 감찰 시스템 구축 이후 공직자들의 반발, 언론의 비난, 정치권의 반격에 시달렸다. 그러나 그는 "누군가는 이 고통을 감당해야 한다"고 말했다.

두 사람은 청렴이란 단어의 무게를 실천으로 증명한 리더였다.

그들은 말이 아니라 행동으로 책임졌고, 그 책임은 언제나 자신부터 시작되었다.

☑ 청렴은 말이 아니라, 자기 자신을 고발할 수 있는 용기에서 시작된다.

☑ 리더는 먼저 자신을 감시하는 사람이다.

☑ 당신이 신뢰하는 리더는 스스로를 감시할 수 있는 사람인가?

☑ 자신의 손에 묻은 권력까지 내려놓을 수 있는가?

"리더는 두려움 앞에 주저하지 않아야 합니다.
정의로운 길이라면, 기득권의 저항에도 흔들림 없이 나아가야 합니다."
– 이재명, 20대 대통령 출마 선언문

시대를 밝히는 정의로운 힘

정치란 설계다. 정치란 단순히 권력을 행사하기 위한 틀이 아니라, 시민들의 삶을 보다 안전하고 풍요롭게 만들기 위한 정교한 설계도와 같다. 이상적인 정치는 아름다운 말과 번지르르한 약속으로 시작될 수 있지만, 튼튼한 정치라는 토대 위에 세워지지 않으면 결국 모래성처럼 허물어지기 마련이다. 올바르게 설계된 정치는 행정의 과정을 투명하고 공정하게 만들지만, 반대로 정치가 특정 집단의 이익을 위해 왜곡되면 권력은 시민들을 위한 것이 아닌, 누군가의 사적인 욕망을 채우는 도구로 전락하게 된다.

정약용과 이재명은 시대는 달랐지만, 백성과 시민들의 더 나은 삶을 위해 고민했던 탁월한 행정 설계자들이었다. 그들은 순간의 감동을 주는 연설이나 화려한 구호보다는, 오랜 시간 동안 지속 가능한 정치와 원칙이 담긴 문서를 더 중요하게 생각했다. '정치는 정치를 통해 비로소 완성된다'는 굳건한 믿음 아래, 정약용은 한 고을의 행정을, 이재명은 한 도시의 행정을 효율적이고 공정하게 운영하기 위한 시스템 구축에 힘썼다. 그들이 남긴 정치들은 시간이 흘러도 그 가치를 잃지 않고, 여전히 우리 사회에 중요한 메시지를 던져주고 있다.

정약용, 『목민심서』로 고을을 설계한 실용주의자

정약용의 『목민심서』는 단순히 수령의 도덕적 자세를 강조하는 훈계서가 아닌, 고을 운영의 실제적인 지침을 담은 실무형 행정 매뉴얼이었다.

총 12편 72조로 구성된 이 책은 고을 행정의 구조와 원칙을 체계적으로 분류하여 상세하게 기술하고 있다.

「이전吏典」에서는 인사 행정의 핵심으로 인재의 출신 배경보다 실질적인 역량을 중시하는 원칙을 제시했다. 「호전戶典」에서는 세금 징수의 공정성을 확보하고 백성의 부담을 최소화하는 방안을 구체적으로 다루었다. 「예전禮典」에서는 교육과 예절을 통해 유교 윤리가 실생활에 반영될 수 있도록 지도하는 방법을 설명했다. 「공전工典」에서는 도로, 제방, 건축 등 공공 시설물의 관리 및 정비 방안을 제시하여 기술과 인프라의 효율적인 운영을 강조했다.

이처럼 『목민심서』는 이론에 그치지 않고 실제 고을 행정에 필요한 구체적인 지침들을 제시함으로써, 당시 수령들이 백성을 효과적으로 다스리고 이상적인 목민관의 역할을 수행하는 데 핵심적인 역할을 수행한 실용적인 행정 지침서였다고 평가할 수 있다.

"수령은 단지 윗사람이 아니라, 공동체의 살림꾼이며, 제도의 집행자이자 도덕의 본보기여야 한다."(정약용, 『목민심서』)

정약용은 고을 단위 행정에서 예산, 인사, 기술, 교육, 민원까지 모든 영역을 설계했다. 그에게 '정치란 고을을 제대로 운영하는 기술'이었고, 제도란 백성의 삶을 유지하고 보호하기 위한 설계도였다.

정약용은 고을의 현실을 고려하여 구체적인 행정 매뉴얼을 제시했으며, 백성의 삶을 보호하고 공동체의 안녕을 도모하고자 했다. 그는 고을 단위의 현실 행정에서 수령이 마주하는 구체적인 문제와 그 해결 방안을 제시했다.

특히, 법률뿐만 아니라 행정 시스템 전반을 설계하여 백성의 삶을 개선하고자 했다는 점에서 지금도 『목민심서』는 유효한 지혜서이다.

이재명은 성남시장 취임 직후 행정의 핵심을 '조례'에서 찾았다. 그는 정치를 감성이 아닌 설계의 문제로 보고, 시민의 삶을 변화시키는 첫걸음이 조례 개정에 있다고 판단했다. 그가 추진한 대표적인 조례 개혁은 다음과 같다.

먼저, 행정정보공개 조례를 통해 예산, 인사, 사업 계획 등 핵심 정보를 시민에게 실시간으로 공개하고, 누구나 열람하고 질의할 수 있는 정보 시스템을 구축했다. 이는 행정의 투명성을 높이고 시민의 알 권리를 보장하기 위한 조치였다.

다음으로, 시민참여 조례를 제정하여 시의회뿐 아니라 '시민참여단'을 제도화하고, 조례 발의부터 예산 심의까지 시민의 권한을 확대했다.

이는 시민의 직접적인 정책 참여를 보장하고 민주적인 행정 시스템을 구축하기 위한 시도였다. 또한, 부패방지 및 감시 조례를 통해 내부 고발자 보호 조항을 삽입하고, 고위직 비위 발생 시 감찰 결과를 의무적으로 공개하도록 했다. 이는 공직 사회의 청렴성을 강화하고 부패를 방지하기 위한 제도적 장치였다.

마지막으로, 사회복지 조례를 정비하여 청년배당, 산후조리비, 무상교복 등 보편 복지를 위한 법적 근거를 마련하고, 복지 사업의 예산 편성부터 지급까지 행정 절차를 명시화했다. 이는 복지 정책의 안정적인 추진과 시민의 복지 권리 보장을 위한 기반을 마련하는 데 기여했다.

이처럼 이재명은 조례 개혁을 통해 행정의 투명성, 시민 참여, 청렴성, 그리고 복지 정책의 안정성을 확보하고자 노력했다.

"행정은 감정대로 하는 일이 아닙니다. 꼼꼼한 설계가 있어야 하고, 조례 하나가 시민의 삶을 바꿀 수 있으며, 조항 한 줄이 한 사람의 생명을 지킬 수도 있습니다."(김민정·김현정, 『인간 이재명』 재구성)

또한 "국민은 능동적인 주권자여야 합니다. 모든 권력은 국민에게 있고, 정치는 국민의 삶을 바꾸는 기술이어야 합니다."(이재명, 20대 대통령 출마 선언문)라고 강조하였다. 그의 행정 철학은 시민의 손에 권한을 쥐여주는 제도적 설계였다.

그는 조례 역시 단순한 규정이 아니라 시민 권리를 보장하는 법적 방패로 인식했다. 정치가 감동보다 제도로 완성되어야 한다는 그의 철학은 시정의 매 순간 조례 개정으로 증명되었다.

이재명은 시민 참여를 제도화하고, 지역 주민의 의견을 정책에 반영하여 지방자치의 효율성과 민주성을 높이고자 했다. 이러한 노력은 지역 주민들이 자율적으로 참여하고 협력하여 공유 자원을 효율적으로 관리할 수 있다는 것을 실증적으로 증명했다.

이재명은 조례를 통해 시민의 권익을 보호하고, 지방정부의 책임을 강화하는 데 더 큰 가치를 두었다. 특히, 이재명은 조례를 통해 시민의 참여를 보장하고, 행정의 투명성을 높이는 데 주력했다.

제도는 시민을 위한 방패여야 한다

정약용은 『목민심서』에서 "수령이 제도를 이용해 백성을 억압하는 것"을 중죄로 규정했다. "제도를 쓰되, 백성을 살피는 자만이 그 권한을 가질 자격이 있다."(정약용, 『목민심서』)

이재명 역시 말했다.

"정치는 사람을 위한 기술이다. 제도 없이는 복지도, 평등도 모두 허상이다."

두 사람 모두 제도를 권력을 위한 도구가 아니라, 시민을 위한 구조로 인식했다. 정약용은 수령이 스스로를 절제하고 제도에 복무해야 한다고 보았고, 이재명은 공무원이 조례와 문서를 통해 시민에게 설명 가능한 행정을 해야 한다고 강조했다.

리더는 제도를 짓는 사람이어야 한다

정약용은 유배지에서, 이재명은 시장실에서 '도면'과 싸웠다.

정약용은 『경세유표』, 『목민심서』, 『흠흠신서』에 담긴 조항들을 통해 권력의 구조를 재정의했고, 이재명은 성남 정책 문서와 행정 체크리스트를 통해 공공의 설계 논리를 만들었다.

정약용은 말했다.

"후세의 목민관들이 이 글을 보고 정치를 바로잡길 바란다."

이재명은 말했다.

"시민의 세금은 감정이 아니라 수치로 관리되어야 하며, 정치는 메시지가 아니라 시스템으로 증명돼야 한다."(이재명, 『인간 이재명』 및 연설문 재구성)

두 사람 모두 말보다 설계를 믿었고, 이상보다 구조를 중시했다.

철학은 행동이 되기 위해 종이 위에 정리되어야 했고, 정치는 그 구조를 작동시키는 반복 가능한 시스템이어야 했다. 두 사람은 실용주의 정치의 본질이 제도 설계에 있다는 것을 증명했다.

☑ 정치는 설계다.

☑ 붓이든 컴퓨터든, 구조를 그리는 사람이 진짜 리더다.

☑ 당신이 선택한 정치인은 제도를 설계할 줄 아는 사람인가, 아니면 단지 말을 잘하는 사람인가?

"정책은 머리로 이해되는 것이 아니라, 삶 속에서 직접 느껴져야 합니다. 저는 언제나 정의가 성공하는 나라, 그 정의의 성공이 곧 대한민국의 성공이 되기를 꿈꿉니다."
– 이재명, 『대한민국 혁명하라』 재구성

권력은 누구를 위한 것인가?

　진정한 리더는 단순히 주어진 권한을 휘두르는 사람이 아니라, 그 권한을 행사할 정당성을 스스로 증명하는 사람이다. 그렇다면 권력은 언제 비로소 정당성을 획득할 수 있을까?

　그 권력은 누구에게서 비롯되었으며, 궁극적으로 누구를 위해 사용되어야 할까? 이 근본적인 질문은 정치의 시작점이자, 동시에 우리가 끊임없이 되새겨야 할 마지막 질문과 같다.

　서로 다른 시대를 살아온 정약용과 이재명, 두 사람은 이 중요한 질문 앞에서 놀랍도록 같은 목소리를 냈다. 그들은 권력의 주인이 특정 개인이거나 집단이 아닌, 바로 백성이며 시민이라고 분명하게 선언했다. 그리고 그 권력은 오직 도덕이라는 굳건한 토대 위에서만 그 정당성을 유지하고, 올바른 방향으로 나아갈 수 있다고 강조했다. 이는 시대를 초월하는 보편적인 진리이며, 리더의 역할과 책임에 대한 깊은 통찰을 담고 있는 메시지이다.

정약용, 힘에는 반드시 도道가 있어야 한다

정약용에게 정치는 단순한 통치의 기술이 아니었다.

그는 『중용』의 '위정이덕爲政以德'을 실천적 철학으로 받아들였고, 『경세유표』를 통해 정치권력의 정당성과 도덕적 기반을 구조적으로 설명했다.

"정치는 덕으로 이뤄져야 한다. 법령은 절제되어야 하고, 권력은 백성의 고통에 민감해야 한다."(정약용, 『경세유표』)

그는 왕권보다 제도의 정당성, 지위보다 사용 방식의 윤리를 더 중요하게 여겼다. 그래서 『목민심서』에서도 반복해서 강조한다.

"벼슬이란 백성 위에 서기 위한 것이 아니라, 백성의 짐을 대신 지기 위한 것이다."(정약용, 『목민심서』)

정약용은 '수령'이라는 직책을 도덕적 책임의 집합체로 보았다. 백성을 위해 쓰이지 않는 권한은 아무리 법적 정당성을 지녔다 해도, 도덕적 정당성이 없다면 그것은 폭력이라는 게 그의 판단이었다.

정약용은 권력은 도덕적 정당성을 가져야 하며, 백성의 고통에 민감해야 한다고 강조하였다. 그는 제도 개혁과 공직 윤리 확립을

통해 피폐한 조선 사회의 안정을 유지하고 백성의 삶을 개선하고
자 했다. 즉, 나라다운 나라 백성이 살기 좋은 세상을 꿈꾸었다.

이재명, 권력은 위임받은 것이다

이재명은 권력을 '시민으로부터 잠시 빌려 쓰는 것'이라고 말했
다. 그에게 시장, 도지사, 당대표라는 자리는 권력자가 되는 자리
가 아니라, 시민의 위임을 실행하는 집행자일 뿐이었다.

"정치인은 머슴처럼 우직하고, 살림꾼처럼 부지런해야 합니다.
모든 걸 책임지는 사람, 그것이 진짜 정치인의 자세입니다."(이재
명, 『함께 가는 길은 외롭지 않습니다』 재구성)

이재명은 취임과 동시에 주요 행정 권한인 결재권, 인사권, 예산
권을 자의적으로 행사하지 않겠다는 원칙을 천명했다.

정책 결정은 철저히 '시민 중심 행정체계' 안에서 이루어졌으
며, 그의 철학은 정책 전반에 걸쳐 일관되게 나타났다. 특히, 무상
복지 정책에서는 소득이나 신분에 상관없이 '존엄'이라는 보편적
인 기준에서 복지를 설계했다. 기본소득 실험 역시 단순한 시혜가
아닌, 헌법적 경제 권리로 재정의하여 시민의 권리를 확장하는 데
초점을 맞췄다. 또한, 공공기관 개혁에서는 기관장의 입장이 아닌
시민의 입장에서 평가되는 시스템을 구축하여 공공기관의 책무성

을 강화하고자 했다.

이처럼 이재명은 권력의 자의적인 행사를 배제하고 시민 중심의 행정 시스템을 구축하여 공정하고 투명한 정책 결정을 추구했다.

"힘은 사람을 위한 도구일 때만 의미가 있다. 내가 가진 권한은 나의 것이 아니라, 시민이 준 것이다."(김민정·김현정, 『인간 이재명』)

그는 권력을 책임의 수단으로 보았고, 그 책임은 자기 통제와 시민 중심 운영으로 입증되어야 한다고 믿었다.

이재명의 이러한 권력에 대한 책임감은 한비자韓非子의 '법가적 통치관'과는 대조적인 사유를 보여준다. 한비자는 강력한 법과 통제의 힘으로 질서를 유지해야 한다고 보았지만, 이재명은 법적 권위보다 시민의 위임과 감시를 통한 정당성 확보를 더 중요시했다. 그는 법과 제도 위에 시민의 뜻을 두었고, '신뢰받는 권력'은 통제가 아닌 공감과 참여에서 나온다고 보았다. 이 점에서 그는 시민과의 계약을 기반으로 행정의 책임을 설정한 현대형 시민 지도자의 모델이라 할 수 있다. 그는 법가적 통치관을 배격하고, 공감과 소통, 시민 감시 속에서 정당성을 얻는 '참여민주주의형 리더'로서의 길을 택했다.

절제된 힘, 통제된 권력

정약용은 『흠흠신서』에서 수령이 죄인을 다루는 데 가장 경계해야 할 것이 '자기 권한에 대한 과신'이라고 말했다.

"사람을 죽이는 자리에 있는 자는, 그 자리에 있어서는 안 되는 사람이다."

그는 권력의 위험성을 누구보다 정확히 이해했다. 그래서 권한은 절제와 윤리, 공감과 통제의 도구가 되어야만 정당하다고 보았다.

이재명은 권력이 커질수록 자기 검열과 투명성 확보가 더욱 중요하다고 인식하고, 이를 제도적으로 뒷받침하고자 노력했다.

측근 인사의 인사 특혜 논란이 발생하자, 인사위원회를 외부 전문가 중심으로 재편하여 객관성과 투명성을 확보했다.

배우자의 공무원 접촉 의혹이 제기되었을 때는 직접 감찰을 지시하고 공적인 거리두기를 강화하여 불필요한 오해를 차단했다. 또한, 청렴감찰관 제도를 도입하여 시장을 포함한 모든 부서를 대상으로 정기적인 점검을 실시함으로써 내부 감시 시스템을 강화했다.

이처럼 이재명은 권력이 커질수록 '스스로를 통제할 수 있는 장치'를 제도 안에 명문화해야 한다고 강조하며, 권력의 남용을 방지하고 투명성을 확보하기 위해 노력했다. 두 사람 모두, 절제 없는 힘은 위험하며, 투명성과 자기 검열이 없는 권력은 반드시 타락한다는 경고를 남겼다.

권력의 방향이 사람을 향할 때

정약용은 수령이 자신을 위해 힘을 사용하면 반드시 실패한다고 했다.

이재명은 정치인이 권력을 '자기편'을 위해 사용하면, 그 순간 권력은 이미 타락한 것이라 단언했다. 정약용은 『경세유표』에서 "권력은 백성의 편에 서야 한다"고 했고, 이재명은 "정치는 약자를 위한 기술"이라 말한다. 그들에게 정치는 권력의 크기보다, 권력의 방향이 더 중요한 문제였다. 그 방향이 사람을 향할 때, 비로소 정치가 정당해지고, 리더가 신뢰를 얻는다.

☑ 권력은 그 자체로 선하지 않다. 그것을 어떻게, 누구를 위해 사용하는지가 그 사람의 철학이다.

☑ 힘은 방향을 가질 때 비로소 정의가 된다.

☑ 내가 지지하는 정치인은 권력을 어떻게 사용하는가?

☑ 그 힘은 시민을 향해 있는가, 아니면 자신을 향해 있는가?

"수령은 백성을 위한 도구이며,
백성의 권한을 대신하는 자일 뿐이다.
수령이 사욕을 버리지 않으면, 그 권력은 백성을
억압하는 수단으로 전락한다."
– 정약용, 『목민심서』

권력과 책임의 균형

벼슬이란 무엇인가?

백성을 다스리는 자리일까, 아니면 이름을 떨치는 수단일까?

다산 정약용은 『목민심서』에서 이 질문에 단호히 답한다. "벼슬은 개인의 영광이 아니라, 백성의 고통을 덜어주는 막중한 책임이다." 이 말은 그가 몸소 실천한 삶의 자세에서 비롯된 것이었다.

정약용은 곡산 부사로 재직하면서 수십 년 동안 관행처럼 이어져온 관찰사와의 부당한 거래를 끊어냈다. 꿀 세금을 과도하게 거두는 관례를 중단시켰고, 억울하게 살인 누명을 쓴 백성을 위한 진실 규명에 직접 나섰다. 당시 권력의 중심에 있는 자들과 충돌할 것을 알면서도 그는 물러서지 않았다. 다산에게 권력이란 명예의 상징이 아니라, 백성을 위한 실천의 도구였다.

그는 스스로를 "백성을 편하게 하는 정교한 기계"라 칭하며, 권한이 커질수록 더 겸손해지고 낮아져야 한다는 신념을 지녔다. 다산의 리더십은 추상적인 이상이 아니라, 구체적인 행정실천으로 증명된 철학이었다. 권력의 무게를 인식하고, 그 무게를 감당하려는 자만이 진정한 리더가 될 수 있다는 그의 가르침은 오늘날에도 여전히 유효하다.

이재명: "머슴 정신"으로 정치를 새기다

이재명은 성남시장에 취임 직후, 시장실 벽에 커다랗게 '머슴'이라는 글자를 붙였다. 그는 자신을 "시민의 명령을 받드는 충실한 머슴"이라 정의했다. 권력은 주어지는 것이 아니라, 위임받는 것이며, 그 자체가 시민을 위한 책임임을 분명히 한 것이다.

그의 머슴 정신은 단지 구호에 그치지 않았다. 분당 백현동 개발 특혜 의혹과 같은 논란 속에서도 그는 스스로 감사를 지시했고, 시청 화장실마다 "부패하면 즉사하고 청렴하면 영생한다腐敗卽死 淸廉永生"는 문구를 붙이며 공직자의 책임의식을 각인시켰다. 이재명은 '권력은 통치가 아니라 봉사'라는 철학을 실천으로 옮겼다.

정치는 국민의 고통을 외면하지 않는 데서 출발해야 한다는 그의 믿음은, 자신의 정치적 위험을 무릅쓰는 결단으로 이어졌다. 그는 말한다. "정치는 책임을 지는 숭고한 행위다. 그 책임을 감당하지 못할 자는 권한을 가져선 안 된다." 실제로 그는 지지율이 떨어질 때도, 여론이 불리할 때도 옳다고 믿는 정책을 흔들림 없이 추진했다.

이러한 그의 모습은 다산이 강조했던 "책임의 무게를 짊어진 자만이 리더가 될 수 있다"는 철학과 궤를 같이한다. 이재명에게 정치란 권한의 향유가 아니라, 시민의 삶을 지키기 위한 헌신의 여정이었다. 이재명에게 정치란 권한의 향유가 아니라, 책임의 감당이며, 다산이 남긴 교훈 "권력의 무게를 견딜 각오가 없다면 리더의 자격이 없다"는 원칙을 오늘의 언어로 계승한 것이었다.

☑ 권력 그 자체가 리더를 만드는 것이 아니라,

☑ 주어진 권한에 따르는 책임을 질 굳건한 각오를 가진 사람만이
진정한 리더가 될 자격이 있다.

☑ 권력의 무게를 견디는 태도, 지금 우리 사회에 필요한 리더의 핵
심 조건이 아닌가?

☑ 정치인 평가, 언변과 지위보다 책임감과 실천에 더 큰 비중을 두
어야 하지 않는가?

"공직은 권리가 아니라 책임이다. 시장은 시민의 대리인일 뿐이
다. 이 자리는 시민의 것이다."

– 성남시장 취임사 중

정의는 깨시민과 함께, 다산과 이계심의 만남

1797년, 천주교 논란이 한창이던 조정의 정치적 소용돌이 속에서, 다산 정약용은 정조의 깊은 신임을 받아 황해도 곡산 부사로 임명되었다. 부임길에 그를 기다리고 있던 것은 단순한 치안 문제가 아니었다. 그것은 곪아 터진 부패의 실상과, 그에 맞서 외친 한 시민의 목소리였다.

다산이 부임하던 날, '이계심'이라는 수배자가 나타나서 호소를 하였다. 그는 이미 전국에 수배령이 내린 도망자였다. 손에 들린 수첩에는 백성들의 억울함이 빼곡히 적혀 있었고, 그의 눈빛은 흔들림 없는 결의를 담고 있었다.

전임 부사의 탐욕과 부정, 면포 한 필의 세금조차 부풀려진 부당함에 맞서 천여 명의 백성이 항거했으며, 이계심은 그 중심에 섰다는 이유로 '주동자'로 몰려 수배자로 몰린 것이다. 아전들은 곧장 이계심을 포박하려 했으나, 다산은 이를 제지하고 그의 이야기를 먼저 들었다. 다산은 억울함에 찬 그의 호소에 깊이 귀를 기울였고, 이어진 조사에서 그의 주장이 모두 사실임이 드러났다.

이에 다산은 이계심을 즉시 석방하고 이렇게 말했다.

"관청이 밝지 못한 것은 백성이 제 뜻을 말하지 않기 때문이다. 너 같은 사람은 관청에서 천금으로 사들여야 할 인재다."

이 한마디는 단순한 판결이 아닌, 백성과의 소통, 그리고 정의에 대한 확고한 신념을 상징하는 선언이었다.

다산은 이 사건을 『목민심서』에 기록하며, 이상적인 지도자는 백성의 고통에 공감하고, 정의롭게 응답하는 자임을 분명히 밝혔다. 또한, 부당함을 향해 두려움 없이 나서는 시민이야말로 공동체의 정의를 지키는 진정한 주체임을 역설했다.

200여 년이 지난 오늘, 우리는 과연 다산처럼 듣고 있는가? 이계심처럼 말하고 있는가? 권력의 남용과 불공정이 반복되는 오늘날의 사회에서, 이계심의 용기와 다산의 지혜는 정의의 숨결을 되살리는 빛이다.

이 일화는 과거의 교훈이 아니라, 오늘 우리가 써야 할 새로운 시민 서사다.

'천금을 주고서라도 얻어야 할 사람', 바로 우리 시대의 '깨시민'이다.

Chapter 5

시민,
함께 쓰는 새로운 역사

"우리가 만듭시다. 시장 하자고요.

저 쓰레기들 몰아내고 시장 해서 병원 만듭시다."

(중략)

이재명의 정치 선언이었다. 그러나 이재명 개인,

즉 '나의 정치'가 아니라 뜻을 함께해 온 시민 모두,

즉 '우리의 정치'를 하자는 것이었다.

"안 되면 우리가 합시다."

– 장영하, 『굿바이, 이재명』 재구성

시민을 향한 뜨거운 열정

침묵하는 다수 속에서, 당신은 무엇을 외칠 것인가?

진정한 정의는 결코 다수의 환호 속에 머물지 않는다. 때로는 외톨이처럼 고독하게, 부당한 오해와 냉대 속에 놓이기도 한다. 하지만 역사의 빛나는 지도자들은 그 고립의 순간에도 진실을 외면하지 않았다.

정약용과 이재명, 두 사람은 모두 외로운 길을 걸었지만, 그 자리에서 굽히지 않았다. 그들이 추구했던 정의는 권력자의 눈치를 살피는 허울뿐인 외침이 아니었다. 그것은 고통받는 민중의 삶 속으로 깊숙이 들어가 함께 아파하고, 그들의 편에 서서 행동하는 실천적인 철학이었다.

깨어난 시민, 깨시민은 바로 이러한 살아 있는 정의의 힘을 믿고 행동하는 존재이다. 다수의 침묵에 굴하지 않고, 소외된 이들의 목소리에 귀 기울이며, 불의에 맞서 용기 있게 나서는 사람들이다. 그들의 깨어남은 단순한 인식을 넘어, 세상을 바꾸려는 뜨거운 열정과 헌신으로 이어진다.

"관청이 밝지 못한 것은 백성이 제 뜻을 말하지 않기 때문이다. 너 같은 사람은 관청에서 천금으로 사들여야 할 인재다."(정약용, 이계심 사건 판결문)

이제 우리에게 묻는다. 당신은 누구도 박수 치지 않을 때, 어떤 길을 선택할 것인가? 역사는 침묵하는 다수가 아니라, 고독 속에서도 정의를 외친 소수의 용감한 발걸음으로 쓰여진다는 것을 기억해야 한다. 정의란, 누구도 박수 치지 않을 때 시작되는 길이다. 깨어나 행동하는 시민들의 연대가 만들어낼 살아 있는 정의의 힘, 그것이야말로 진정으로 밝은 미래를 열어갈 희망이다.

정약용, 유배의 침묵 속에서 지켜낸 정의

1800년, 정조가 사망하자 조선의 정치는 돌변했다.

정약용은 천주교 연루 혐의로 유배되었고, 형 정약종은 처형되었으며, 가족은 절망에 빠졌다. 그는 하루아침에 정치의 중심에서 지워진 사람이 되었다. 그러나 그는 절필하지 않았다. 오히려 더 쓰기 시작했다.

"나는 이미 벼슬도 없고, 보호자도 없으나, 오직 백성을 위한 글만은 버릴 수 없다."(정약용, 『유배지에서 보낸 편지』)

강진 다산초당에서 그는 『경세유표』, 『목민심서』, 『흠흠신서』 등 조선 후기 최대의 행정 개혁서를 집필했다. 그가 제안한 제도는 군주의 권위를 위한 것이 아니라, 백성의 삶을 지키는 구조였다.

정약용의 정의는 왕을 위한 언어가 아니라, 백성의 고통을 덜어 주기 위한 도구였다. 그가 그 정의를 외칠 때, 그의 곁에는 아무도 없었다. 그러나 그는 멈추지 않았다. 정의란 고독 속에서도 포기해서는 안 되는 가치임을 알고 있었기 때문이다.

정약용의 이러한 고립 속 정의 실천은 소크라테스의 독배와 유사한 측면을 보인다. 소크라테스는 아테네 시민들의 비난과 오해 속에서도 자신의 철학적 신념을 굽히지 않고 독배를 선택했다. 정약용 역시 조정의 탄압과 고립 속에서도 자신의 학문적 신념을 굽히지 않고 백성을 위한 저술 활동을 이어갔다. 그러나 소크라테스가 개인의 영혼을 위한 철학적 탐구에 집중한 것과 달리, 정약용은 현실정치 개혁을 통해 백성의 삶을 개선하고자 했다는 점에서 차이를 보인다.

특히, 정약용은 유배지에서 백성의 현실을 깊이 있게 통찰하며, 실천적인 개혁 방안을 제시했다는 점에서 소크라테스와는 구별된다.

이재명, 고립 속에서 피어난 시민 중심의 신념

2022년 대선 패배 이후, 이재명은 당내 갈등, 검찰 수사, 언론의 비판에 둘러싸였다. 2023년 침묵 투쟁 당시 그는 생사의 기로에 설 정도로 심각한 신체적·정치적 위기에 직면했다. 그의 운명은 국회의 손에 맡겨졌고, 그는 더 이상 정치의 보호막 안에 있는 리더가 아니었다.

그러나 그는 정치의 본질을 다시 새겼다. "승리를 위한 싸움이 아니라, 정의를 위한 싸움을 하는 것입니다."(이재명, 침묵 중 인터뷰)

그는 침묵 중에도 민생 정책을 멈추지 않았다. 기본소득 제도화, 공공의료 확대, 취약계층 정책 재정비 등 시민을 위한 행정은 멈추지 않았다. 정의는 그에게 정적을 공격하는 칼이 아니라, 약한 시민을 보호하기 위한 방패였다.

"정말 진정한 의미의 민주적 국가를 훼손하려는 그들의 시도에 대해서 끊임없이 저항해 왔어요. 이번에도 저항한 거죠. (중략) 저는 우리 국민들의 위대함이 대한민국 위대함의 원천이라고 생각합니다."(이재명, 21대 대통령 출마 선언문)

정치적 힘은 약해졌지만, 그의 정의에 대한 신념은 더욱 강해졌다.

이재명의 고립 속 시민 중심 신념은 고립되고 조롱받는 가운데서도 공동체의 도덕성과 진실을 위해 끝까지 자신의 신념을 굽히지 않았다.

이재명은 외로운 상황 속에서, 정치의 정의를 향해 나아가고자 어떤 탄압에도 자신의 신념을 굽히지 않고 정치적 고립과 탄압 속에서도 시민 중심의 정치적 신념을 굽히지 않고 민생 정책을 추진했다. 이재명은 제도권 정치 안에서 시민의 권익을 보호하고 사회적 약자를 대변하기 위한 정책을 추진했다.

그에게 정의란, 지지율과 타협할 수 없는 원칙이었다.

다수가 외면할 때, 리더는 무엇을 지켜야 하는가?

정약용은 유배지에서 백성을 말했고, 이재명은 병상에서도 시민을 말했다. 둘 다 고립된 자리에 있었지만, 그 자리를 피하지 않았다. 왜냐하면 그 자리가 바로 정의가 시작되어야 할 곳임을 알고 있었기 때문이다. 정약용은 실학자의 길을 포기하지 않았고, 이재명은 행정가의 책임을 끝까지 내려놓지 않았다. 그들이 말한 '정의'란 힘을 가졌을 때 외치는 구호가 아니라, 힘이 사라졌을 때도 지켜야 할 태도였다.

정의는 고독 속에서 더욱 선명해진다

정의는 다수결의 문제가 아니다. 정의는 진실을 감당할 수 있는 소수의 결단이다. 정약용은 아무도 인정하지 않던 시절, 고을 행정을 혁신할 글을 쓰고, 법의 기준을 재정의했다. 이재명은 지지율이 흔들리고 당내 지위가 약화된 상황에서도 기득권 개혁 조례와 시민 복지 행정을 중단하지 않았다. 그들의 정의는 인기 없는 언어였고, 그들의 실천은 박수받지 못한 선택이었다.

그러나 시간이 지나면서, 그들의 선택은 정의였다는 것이 역사의 이름으로 증명되고 있다.

☑ 정의는 박수를 받는 말이 아니라, 혼자서도 끝까지 밀고 가는 행동이다.

☑ 진짜 리더는 고립 속에서도 정의를 포기하지 않는다.

시민 질문

☑ 당신이 지지하는 정치인은 사람들이 등을 돌릴 때도 정의를 선택할 수 있는가?

☑ 그가 지키려는 것은 인기인가, 아니면 원칙인가?

☑ 우리는 지금, 침묵의 다수가 될 것인가? 아니면 고독의 정의를 택할 것인가?

"요즈음의 사목司牧이란 자들은 이익을 추구하는 데만 급급하고, 어떻게 목민해야 할 것인가는 모르고 있다.

이 때문에 백성들은 곤궁하고 병들어 줄을 지어 진구렁에 떨어져 죽는데도 그들 사목된 자들은 바야흐로 고운 옷과 맛있는 음식에 자기만 살찌고 있으니 어찌 슬픈 일이 아니겠는가."

– 정약용, 『목민심서』 서문

시대의 벽을 넘는 용기

　진정한 저항은 소리 없이 지속된다. 고통은 한순간의 아픔으로 지나갈 수 있지만, 깊은 신념은 시간의 흐름 속에서도 변치 않고 우리 안에 남아 영원히 빛을 발한다. 진정한 저항은 때로는 격렬한 외침이나 화려한 박수갈채를 동반하지 않는다. 오히려 조용히, 묵묵히, 때로는 세상의 외면 속에서도 끊임없이 이어지는 끈질긴 행위이다.

　정약용과 이재명, 두 사람은 각자의 시대에서 마주한 고통을 피하지 않고, 그 고통을 견디는 방식으로 자신들의 신념을 지켜냈다. 정약용은 조선 시대의 지식인으로서 18년이라는 긴 유배 생활을 통해 부당한 권력에 맞섰고, 이재명은 대한민국 정치의 중심에서 24일간의 단식을 감행하며 자신의 뜻을 굽히지 않았다. 이들의 모습은 '지속 가능한 저항'이 어떻게 정치적 윤리를 새롭게 써 내려갈 수 있는지를 보여주는 역사적인 증거이다.

그들의 묵묵한 저항은 단순한 분노의 표출이 아니라, 오랜 시간 동안 숙고하고 다듬어진 신념의 결과이며, 시대를 초월하여 우리에게 깊은 울림을 전달한다.

정약용, 정치 재설계로 바꾼 유배 18년

1800년, 정조가 세상을 떠나자 정약용은 하루아침에 조정에서 버려진 사람이 되었다.

천주교 박해로 인해 형 정약종은 처형되었고, 자신은 강진으로 유배되었다. 정치적 기반도, 후원자도, 명예도 사라진 자리. 정약용은 고립무원의 시간을 견뎌야 했다.

내가 지은 저술과 간추려 뽑아놓은 것들을 장차 누가 모아서 책을 엮고 바로잡아 보존시키겠느냐. 그렇게 할 수 없다면 이는 나의 글이 끝내 전해질 수 없게 되는 것이다. 내 글이 전해지지 못한다면 후세 사람들은 단지 대계臺啓와 옥안獄案만을 의거해서 나를 평가하게 될 것이니, 나는 장차 어떠한 사람이 되겠느냐.
– 정약용, 두 아들에게 부침, 『다산시문집』

유배지에서 그가 완성한 저술들은 단순한 학문적 탐구가 아닌, 부조리한 현실을 타파하고 새로운 질서를 구축하려는 치열한 실천적 저항이었다.

백성을 다스리는 수령의 청렴과 올바른 행정의 근본 원칙을 담은 『목민심서』는 지방관의 부패를 방지하고 효율적인 통치를 구현하기 위한 제도적 설계였으며, 중앙 정부의 근본적인 개혁 방향을 제시한 『경세유표』는 시대의 난맥상을 극복하기 위한 혁신적인 청사진이었다.

또한, 『흠흠신서』는 억울한 백성이 없도록 사법 정의를 확립하고 판결의 윤리를 바로 세우기 위한 구체적인 실천 지침서였다.

이처럼 그는 직접적인 투쟁 대신 붓으로 날카로운 비판을 가하며, 조선 사회의 권력 구조에 대한 깊은 통찰과 혁신적인 대안을 제시했던 것이다. 그의 펜은 곧 강력한 무기이자 시대의 희망이었다. 그의 저항은 조용했지만, 깊었고, 무엇보다 지속되었다.

정약용의 이러한 유배 기간은 넬슨 만델라의 오랜 감옥 생활과 유사한 측면을 보인다. 만델라는 아파르트헤이트에 저항하며 27년간 감옥에 갇혔지만, 그 어떤 탄압에도 자신의 신념을 굽히지 않고 남아프리카 공화국의 민주화를 이끌었다. 정약용 역시 유배라는 고립된 상황 속에서도 끊임없이 저술 활동을 이어가며 조선 사회의 문제점을 진단하고 개혁 방안을 제시했다. 그러나 만델라가 인종차별이라는 거대한 악에 저항한 것과 달리, 정약용은 제도 개혁을 통해 조선 사회의 발전을 도모하고자 했다는 점에서 차이를 보인다. 특히, 정약용은 유배 기간 동안 백성의 현실을 깊이 있게 통찰하며, 실천적인 개혁 방안을 제시했다는 점에서 만델라와는 구별된다.

이재명, 침묵의 시간으로 정치를 되묻다

2023년 가을, 이재명 더불어민주당 대표는 윤석열 정부의 국정 운영 실패와 검찰의 편파 수사에 항의하며 무기한 단식에 돌입했다. 그는 단식 선언문을 통해 "나는 도망치지 않는다. 민생을 망치는 정치에 맞서 온몸으로 저항하겠다"고 밝혔다. 선언은 있었지만, 그 이후의 시간은 달랐다. 단식이 길어질수록 그는 연설도, 성명도 자제한 채 말 대신 침묵으로 일관했다. 단식 24일째, 생명의 위협 속에 병원으로 이송되었고, 국민들은 그 침묵이 던진 묵직한 질문과 마주해야 했다.

"이 싸움은 제 정치 경력을 위한 것이 아닙니다. 정치가 왜 존재해야 하는지, 누구를 위해 무엇을 해야 하는지를 되묻는 싸움입니다."(김민정·김현정, 『인간 이재명』 재구성)

그가 병상에 누워 있는 동안, 국회는 그의 운명을 결정했고, 당은 흔들렸으며, 정적들은 그를 비웃었다. 그러나 그는 물러서지 않았다. 그 침묵은 자기 정치의 마지막 카드가 아니라, 민주주의의 근본을 향한 질문이었다. 그는 침묵을 통해 '시민과 정치 사이의 단절'을 돌아보게 했고, 정치가 어디를 향해야 하는지를 묻는 침묵의 시위를 이어갔다.

이재명의 침묵은 마하트마 간디의 침묵 투쟁과 유사한 측면을 보인다.

간디는 식민 지배에 저항하고 인도의 독립을 쟁취하기 위해 여러 차례 침묵 투쟁을 벌였다. 이재명 역시 침묵이라는 고통스러운 방식을 통해 자신의 정치적 신념을 표현하고, 국민들에게 정치 개혁의 필요성을 환기하고자 했다. 그러나 간디가 비폭력 저항을 통해 식민 지배에 저항하고 사회 변혁을 추구한 것과 달리, 이재명은 제도권 정치 안에서 자신의 목소리를 내며 정치 개혁을 이루고자 했다는 점에서 차이를 보인다.

고통을 견딘 사람만이, 정치의 윤리를 말할 수 있다

정약용은 유배 속에서도 자신을 '백성의 종'이라 불렀고, 조선의 정치가 왜 실패하는지를 글로 분석했다.

"왜 백성은 고통받는가? 정치란 누구를 위한 것인가?"

약한 백성 고통을 그 누가 알아주리誰知細民苦

죽는 편은 오히려 더 낫다네死者寧껄矣

– 정약용, 파지리, 『다산시문집』

다산은 이 시에서 탐관오리와 부패한 아전들의 횡포로 고통받
는 백성들의 현실을 절절하게 묘사하며, 정치가 누구를 위한 것인
지 반문하고 있다. 정치의 책임과 연결하는 점에서, 질문의 철학
적 맥락과 일치한다.

이재명은 단식 중에도 매일 단식일지를 SNS에 남기며, 자신의
신념과 정치적 고민을 시민과 공유했다. 그는 말한다.

"정치는 사람을 위한 기술입니다. 그 기술이 고통을 잊는 순간,
정치는 본래의 존재 이유를 잃습니다."(이재명, 『대한민국 혁명하
라』, 『연설자료』 재구성)

그들에게 고통은 무기가 아니었다. 자기 철학을 증명하는 윤리
적 형식이었다. 그들은 권력을 향한 외침보다, 사람을 향한 지속
적인 응답을 택했다.

지속 가능한 저항이 정치의 신뢰를 만든다

정치인은 화려한 언변으로 권력을 잡는다.

그러나 진짜 리더는 어둠 속에서 조용히 견디며 철학을 완성하는 사람이다. 정약용은 유배 기간 동안 단 한 번도 권력에 굴복하지 않았고, 벼슬을 되찾기 위해 정치적 타협을 시도하지 않았다.

이재명도 단식 중 누구에게도 고개 숙이지 않았다. 당내 비판에도 침묵했고, 지지율 하락에도 흔들리지 않았다.

그의 단식은 생존 투쟁이 아니라 신념의 감내였다.

두 사람의 저항은 격렬하지 않았지만, 일관되고 명확했고, 무엇보다 지속적이었다.

"정의는 빠르게 이기지 않는다. 정의는 오래 견디는 쪽에 있다."

☑ 정치는 말로 시작되지만, 고통을 감당할 수 있을 때 비로소 완성된다.

☑ 지속 가능한 저항이 정치의 윤리를 만든다.

☑ 당신이 신뢰하는 정치인은 무엇을 위해, 얼마나 오래 고통을 감당해 본 적이 있는가?

☑ 당신이 바라는 정치는 '권력의 말'인가, '책임의 침묵'인가?

"대한민국 민주주의의 위대함은 헌법이라는 그 제도에 있는 게 아니라 그 제도를 가지고 사는 우리 국민 스스로의 위대함이죠."
– 이재명, 21대 대통령 선거 출마 선언문

이상을 현실로 만드는 리더

깊은 사유는 결국 삶을 변화시키는 길이 되어야 한다.

아무리 훌륭한 철학이라 할지라도, 그저 말과 글로만 존재하고 사람들의 삶에 실질적인 변화를 가져오지 못한다면, 그것은 고립된 사상에 불과하다. 철학은 말이 아니라 제도다.

정약용은 실학이라는 학문을 통해 철학을 현실의 제도 속에 녹여냈고, 이재명은 행정이라는 영역을 통해 철학을 구체적으로 실험했다.

두 사람 모두, 머릿속의 추상적인 사유에 머무르지 않고, 현실 세계로 내려와 구체적인 실천을 설계하는 데 탁월한 능력을 발휘한 리더들이었다.

그들의 행보는 철학이 어떻게 현실을 변화시키는 강력한 도구가 될 수 있는지를 보여주며, 이상과 현실의 간극을 좁히려는 끊임없는 노력의 중요성을 우리에게 일깨워 준다.

정약용, 실학을 제도로 번역한 정치 설계자

정약용은 조선 후기 유학자였지만, 고전의 언어에 머무르지 않았다. 그는 백성의 삶과 나라의 시스템을 바라보며, 현실을 바꾸는 학문을 원했다. 그래서 선택한 길이 실학實學이었다.

"학문을 시작한 지 삼십 년 만에 뜻을 깨우치게 되었고, 마흔 살이 되어서야 비로소 학문은 실용을 귀히 여겨야 한다는 것을 깨달았다."(정약용, 「자찬묘지명」 집중본)

다산은 자신의 학문 여정을 회고하며, '실용實用'이라는 관점에서 지식이 백성과 현실에 도움이 되어야 한다는 철학을 분명히 밝혔다.

이는 곧 "백성의 삶에 닿지 않는 지식은 죽은 것이다"라는 정신적 요지와 일치한다.

그의 실학은 관념적인 논의에 머무르지 않고, 사회의 실제적인 변화를 이끌어내는 실천적인 도구였다. 현실에 기반을 둔 그의 학문은 농업 정책, 형벌 제도, 토지 제도, 과거 제도 등 당시 사회 구조의 핵심적인 문제들을 심층적으로 다루었다. 특히, 그의 사상은 구체적인 제도 설계로 이어져, 중앙 정부 개혁의 청사진을 제시한

『경세유표』나 사법 정의의 실천 지침서인 『흠흠신서』와 같은 정책 매뉴얼 형태로 구체화되었다.

그는 윤리와 기술의 결합을 강조하며, 행정이 반드시 도덕적 기반 위에서 운영되어야 한다고 주장했다.

또한, 지방 행정의 중요성을 강조하여 『목민심서』를 통해 고을 수령의 책임과 업무 절차를 상세하게 매뉴얼화했다. 정약용의 철학은 "사유는 제도와 연결될 때 비로소 살아 있다"는 그의 확고한 신념을 바탕으로 전개되었으며, 그는 탁상공론에 머무는 철학자가 아닌, 현실 세계의 행정을 직접 설계하고 혁신하고자 했던 실천적인 사상가였다.

정약용의 실학은 유교적 관념론을 넘어 현실 개혁을 위한 실천적 학문을 추구했다. 그는 가능한 제도 개혁을 통해 점진적인 사회 변화를 추구했다. 특히, 그는 유교적 전통 속에서 현실적인 개혁 방안을 모색했다.

이재명, 행정으로 철학을 증명한 실용의 리더

이재명 역시 철학을 '적는 것'보다 '실현하는 것'에 집중한 인물이었다.

그는 성남시장을 맡으며 철학적 구호보다 시민의 삶에 닿는 설계와 제도화를 우선시했다.

그는 성남시에서 자신의 철학을 현실로 옮기는 다양한 행정 실험을 시도했다. 기본소득 철학을 구현한 청년배당은 24세 청년들에게 연 100만 원을 지급하며, '출발선의 불평등은 현금 평등을 통해 일부 보정할 수 있다'는 경제 철학을 실천했다.

보편복지 철학을 바탕으로 무상교복과 산후조리비를 소득 수준과 관계없이 모든 시민에게 지급하며, '권리는 선별이 아닌 보편이어야 한다'는 신념을 드러냈다. 공공의료 철학을 실현하기 위해 10년간 지연된 성남시립의료원 건립을 추진하며, '시장은 한 번의 사인을 위해 수천 번의 설득을 감내해야 한다'는 책임 의식을 보여주었다.

또한, 시민참여예산제를 통해 시민들이 예산 편성, 심의, 배분에 직접 참여하도록 하여 권력을 나누고 행정의 민주화를 제도화했다. 이재명 시장에게 행정은 단순히 정책을 성공시키는 것이 아니라, 자신의 철학을 현실에서 실험하고 구현하는 과정이었다.

그는 말보다 설계를 믿었고, 시민이 체감하는 정책을 통해 행정의 정의를 구축하고자 했다. 공공의료는 생명 중심의 정치였고, 복지는 보상의 대상이 아니라 권리의 표현이었다.

"이념을 넘어, 실용으로. 낡은 기득권의 정치가 아닌 국민 삶의 변화를 책임지는 정치로 나아가야 합니다."(이재명, 21대 대통령 출마 선언문)

이러한 이재명의 행정 철학은 추상적 이념이 아닌 시민의 삶 속에서 검증되고 작동하는 정책을 중시했다. 이재명은 행정 전반에 이를 확장하며 그의 철학을 펼쳐나갔다.

철학 없는 실천은 위태롭고, 실천 없는 철학은 공허하다

정약용은 실학을 "제도를 바꾸기 위한 도구"로 보았고, 이재명은 정책을 "철학을 입증하는 방법"으로 인식했다.

정약용은 고전 속 '인의예지'를 행정과 형벌로 번역했고, 이재명은 '공정과 기회'를 예산과 복지정책으로 구체화했다.

그들에게 철학은 연설 속 언어가 아니라, 문서, 제도, 조례, 예산 항목 안에 살아 있는 살아 있는 기준이었다.

리더는 철학을 쓰는 자가 아니라, 실현하는 자다

정약용은 유배지에서 "실학이란 곧 현실을 고치는 기술"이라 정의했다.

이재명은 "철학은 행정의 설계에서 드러나야 한다"고 강조했다.

두 사람 모두, 자신의 철학을 '권력'이 아닌 삶을 바꾸는 수단으로 만들었다. 정약용은 그 철학을 제도로 남겼고, 이재명은 그 철학을 시정으로 실현했다. 그 실현은 정치적 고립과 행정적 반발, 제도적 마찰을 동반했지만, 두 사람은 철학을 구호로 버려두지 않았다. 철학을 밀고 가는 힘이 곧 정치의 윤리임을 실천했다.

☑ 철학 없는 실천은 위태롭고, 실천 없는 철학은 공허하다.

☑ 리더는 철학을 쓰는 자가 아니라, 실현하는 자다.

시민 질문

☑ 당신이 지지하는 정치인은 철학을 갖고 있는가?

☑ 그리고 그 철학을 실현한 기록이 있는가?

"호적은 모든 부과의 근원이요 요역徭役의 근본이다. 호적이 바르게 된 후에라야 부과가 고르게 될 것이다. 호적이 문란하여 기강이 서지 않았을 때는 큰 힘을 들이지 않고서는 바로잡지 못할 것이다. 장차 호적을 정리하려거든 먼저 주민등록 대장을 살피도록 하고 허실을 알았거든 고쳐놓도록 하라."
– 정약용, 『목민심서』, 호전육조戶典六條

깨어 있는 시민의 힘을 믿다

정치는 누가 권력을 잡았느냐보다, 누가 그 무게를 감당할 준비가 되어 있느냐에 달려 있다. 정치의 완성은 누가 정점에 서 있는가에 달려 있지 않다. 진정으로 중요한 것은 그 권력을 쥔 자가 얼마나 무거운 책임감을 느끼고 행동하는가이다.

권력의 시간은 찰나와 같지만, 그에 따른 책임은 영원히 지속된다.

200여 년 전 정약용은 『목민심서』를 통해 공직자의 책임 윤리를 명확히 제시했다. 그리고 2024년, 빛의 응원봉을 든 시민들은 권력의 책임을 묻는 국민 주권의 위대한 실천으로 그의 정신을 이어받았다.

"대한민국이라고 하는 이 국호. 국호에는 정말 큰 뜻이 담겨 있죠. 민국, 국민의 나라, 민중의 나라, 이 '민' 자는 백성이죠. 흰옷

입은 사람들."(이재명, 21대 대통령 선거 출마 선언문)

정치는 단순히 권한을 행사하는 문제가 아니다. 그것은 오직 책임의 윤리와 실천이 담보될 때 비로소 그 정당성을 인정받을 수 있다.

이제 시대는 깨어난 시민, 깨시민에게 새로운 역사를 쓸 것을 요구하고 있다. 권력의 향방을 넘어, 누가 진정으로 책임을 질 자세가 되어 있는지 날카롭게 감시하고 선택해야 한다. 깨시민의 주체적인 참여와 끊임없는 요구만이, 책임 있는 정치, 국민을 위한 정치를 만들어갈 수 있다. 역사는 권력자의 기록이 아니라, 책임을 묻고 새로운 길을 개척하는 깨어난 시민들의 손으로 쓰여질 것이다.

정약용, 정치 권력의 윤리적 한계를 설정하다

정약용에게 정치는 기술이 아니라 도덕적 책무였다.

그는 『목민심서』에서 목민관의 모든 권한은 백성에게 봉사하기 위한 도구라고 정의했다.

"공직자는 먼저 스스로를 다스리고, 권한을 줄이되 책임은 늘려야 하며, 백성 앞에서는 한없이 낮아져야 한다."(정약용, 『목민심서』, 「율기」)

정약용은 '목민牧民'이라는 단어에 깊은 의미를 부여했다.

'牧칠 목'에는 백성을 단순히 다스리는 것이 아니라, 그들의 고통을 어루만지고 올바른 길로 이끌어야 하는 목민관의 책임이 담겨 있다고 보았다. 그리고 '民백성 민'은 목민관의 정책과 제도가 지향해야 할 대상이자, 그 모든 행위의 궁극적인 목적임을 강조했다.

따라서 정약용에게 목민관은 백성의 삶을 좌지우지하는 행정의 주인이 아니라, 잠시 그들의 일상을 위탁받아 책임감 있게 보살펴야 하는 존재였다. 그는 이러한 책임을 망각한 목민관들에게 엄중한 경고를 보낸다.

"수령이 백성을 돌보지 않고 사익을 좇으면 그 권한은 폭력이 된다. 공직자의 책임은 임기 동안이 아니라, 평생의 도덕적 빚이다."(정약용,『목민심서』)

『목민심서』는 단순한 행정 지침이 아닌 정치 권력의 윤리적 사용 설명서였다.

정약용의 공직 윤리는 공자孔子의 수신제가치국평천하修身齊家治國平天下의 맥락과 맞닿아 있다. 공자는 정치의 근본을 도덕적 수양에 두었으며, 통치자는 먼저 스스로를 단속해야 백성을 바르게 이끌 수 있다고 강조했다.

정약용은 바로 그 사상적 연장선에서 공직자의 윤리와 책임을 강조했고, 나아가 그것을 제도화하려 했다. 단지 덕목에 그친 것이 아니라,『목민심서』라는 구조화된 텍스트로 정치적 윤리의 구체적 실천 방안을 제시했다는 점에서 더욱 현대적이다. 정약용은 백성의 저항이라는 다소 급진적인 방식보다는, 수령을 비롯한 공직자들의 자발적인 도덕성과 윤리의식이 사회 안정과 백성의 안녕에 더 중요하다고 보았다. 그는 위정자들이 먼저 백성을 사랑하고 그들의 어려움을 헤아리는 마음을 갖는 것이 근본적인 해결책이라고 믿었다.

공동체의 안녕과 사회 질서 유지를 위한 공직자의 책임을 강조한 그의 사상은, 단순히 법과 제도를 넘어선 인간적인 통치, 즉 '덕치주의'에 가까웠다. 백성들의 삶을 보살피고 모범을 보이는 지도자의 모습이 사회 전체의 안정으로 이어진다고 보았기 때문이다.

이러한 강조점은 당시 부패하고 무능한 관리들로 인해 고통받던 백성들의 현실을 타개하기 위한 방안으로 제시된 것으로 이해할 수 있다. 백성들이 들고일어나 저항하는 상황까지 가지 않도록, 먼저 관리들이 스스로 변화하고 책임감을 가져야 한다는 정약용의 깊은 고민이 담겨 있다.

촛불시민, 책임지는 국민으로서 정치에 참여하다

대한민국의 진정한 힘은 헌법이라는 제도보다, 그것을 지켜내려는 국민들의 저항과 극복 의지에서 나온다. 이재명 대표는 대통령 선거 출마 선언에서, 국민이 억압에 굴복하지 않고 현실 권력을 끌어내리는 위대한 역량을 보여주었고, 이제는 긴 겨울을 지나 더 따뜻한 봄을 함께 만들어가야 한다고 강조했다.(이재명, 21대 대통령 선거 출마 선언문)

2024년 12월 3일, '내란의 밤'이라 불리는 그날, 시민들은 다시 거리로 나왔다.

차가운 도심 속에서 그들은 헌법 제1조를 외쳤다. "대한민국은 민주공화국이다. 모든 권력은 국민으로부터 나온다."

이들은 촛불 대신 '응원봉'을 들었고, 이는 질서와 평화 속에서 울려 퍼진 '탄핵'의 외침과 함께, 빛의 물결로 번져 대한민국 정치의 전환점을 만들었다.

이 응원봉의 빛은 단지 정권을 바꾸는 데 그치지 않았다.

그 빛은 동학농민운동, 3·1운동, 4·19혁명, 5·18광주민주화운동, 2016년 촛불혁명으로 이어지는 역사적 민주주의의 불꽃을 계승했고(진규동, 『변화와 개혁의 등불』), 이제는 시민이 스스로 권력의 감시자이자 정치의 책임자임을 증명했다.

과거 정치의 실패는 정치인의 몫으로만 여겨졌지만, 이제 시민은 더 이상 방관하지 않는다.

정치인은 제도를 만들고 집행하지만, 정치는 결국 국민이 움직일 때 변화한다는 사실이 분명해졌다.

200여 년 전 다산 정약용이 곡산 부사로 있을 때 벌어진 '이계심 사건'에서 그는 백성의 비판과 문제 제기를 환영했다.

"관청이 밝지 못한 것은 백성이 제 뜻을 말하지 않기 때문이다. 너 같은 사람은 관청에서 천금으로 사들여야 할 인재다."고 그는 말했다.

오늘날의 촛불 시민들도 마찬가지다.

정치적 무관심을 거부하고 스스로 책임지는 시민이 되어 정치에 참여했다.

촛불은 단순한 저항이 아니라, 자발적 참여와 연대를 통해 정치 권력에 책임을 묻는 새로운 K-민주주의 모델을 만들어낸 것이다.

목민관의 책임 vs 시민의 선택

정약용은 『목민심서』를 통해 끊임없이 강조했다.

"정치는 오직 백성을 위한 것이어야 하며, 그 책임을 감당하지 못하는 자는 자리에서 물러나야 한다."(정약용, 『목민심서』)

이 메시지는 200여 년 후, 광화문 광장에서 시민들의 외침으로 되살아났다. 다산은 수령의 무능과 책임을 묻는 방법으로 파면과 유배를 제시했지만, 시민들은 헌법과 법률에 의거하여 대통령 탄핵을 외쳤다.

권력자에게 책임을 묻는 방식은 시대에 따라 변화했지만, 그 근본적인 목표는 변함없이 동일했다. 정치의 진정한 정당성은 주어진 권한 자체가 아니라, 그 권한을 얼마나 책임감 있게 행사했는가에 달려 있다는 깨달음이었다.

> 뜰에서 춤추는 사람이 64인인데, 이 가운데서 1인을 선발하여 상례도구인 우보羽葆를 잡고 맨 앞에 서서 춤추는 사람들을 지휘하게 한다. (중략) 끌어내린 것도 대중大衆이고 올려놓고 존대한 것도 대중이다. 대저 올려놓고 존대하다가 다른 사람을 올려 교체했다고 교체한 사람을 탓한다면, 이것이 어찌 도리에 맞는 일이겠는가.
> – 정약용, 탕론湯論, 『다산시문집』

정약용과 이재명, 책임의 철학을 실현하다

정약용은 정치가 도덕적 개인이 아니라, 윤리를 내장한 제도에 의해 유지되어야 한다고 보았다. 그래서 그는 수령 한 사람의 인격보다, 공직 책임의 제도화를 추구했다.

이재명 역시 말한다.

"이재명에게 공직은 명예나 권력을 누리는 자리가 아닙니다. 국민의 일꾼으로서, 국민을 위해 일할 수 있는 권한과 책임의 자리일 뿐입니다."(이재명, 제20대 대통령 선거 호남권 합동 연설, 2021. 10.)

그는 자신을 '머슴'이라 칭하며, 시민을 주인으로 섬기고 정치를 시민의 신뢰를 관리하는 행위로 규정했다. 이재명은 책임 정치의 실천을 위해, 부패 청탁 발생 시 직접 이메일이나 전화로 보고하는 체계를 구축하고, 가족 및 측근과의 공적인 거리두기를 조례로 명문화했다.

또한, 정책 실패 시에는 정책 설계자의 책임을 분명히 강조했다.

그에게 정치는 단순히 감정이나 명분을 내세우는 것이 아니라, 시민의 기대에 대해 철저히 책임을 지는 태도였다.

☑ 정치는 누구를 뽑았는지가 아니라, 누가 책임지는가로 완성된다.

☑ 권력을 가졌다면, 반드시 그 무게도 감수해야 한다.

시민 질문

☑ 나는 어떤 기준으로 정치를 선택하는가? 말을 잘하는 사람인가, 자신의 말에 끝까지 책임지는 사람인가?

☑ 내가 깨어 있는 시민이라면, 지금 누구에게 정치의 윤리를 요구하고 있는가?

"정치라고 하는 것은 현장이죠. 현장에서 국민들의 삶을 놓고 실제로 그 삶을 결정하는 거예요. 그게 빨간색이냐 파란색이냐 아니면 어떤 방법이, 정책이, 누구의 생각에서 시작된 것이냐. 그건 특별한 의미가 없죠. 어떤 게 더 유용하고 어떤 게 더 필요하냐. 이게 최고의 기준이 되어야 한다. (중략)"

– 이재명, 21대 대통령 선거 출마 선언문

시민과 함께 미래를 그리다

정치는 위임으로 시작되고, 실천으로 완성된다. 정치는 한 번의 선택으로 끝나지 않는다. 정치는 시작보다 끝이 중요하고, 선언보다 실천이 결정적이다. 정약용은 정치인의 책임을 강조했지만, 동시에 백성과 구성원의 각성을 촉구했다. 이재명은 투표의 순간보다, 투표 이후의 감시와 참여가 정치의 본질이라고 말해왔다. 정치는 투표로 시작되지만, 시민의 실천으로 완성된다.

정약용, 백성의 정치 참여를 철학적으로 요청하다

정약용은 왕권 중심의 조선 후기 정치에서 백성이 정치의 객체로 머무는 현실을 염려하며, 정치의 본질은 백성을 위하는 것이며 백성은 정치의 품질을 반영하는 거울과 같다고 했다. 그는 『목민심서』에서 수령의 투명하고 도덕적인 행정을 강조한 이면에, 백성이 수령을 감시할 수 있어야 한다는 깊은 문제의식을 가지고 있었다.

그가 제시한 시민 감시의 조건은 수령은 백성을 속일 수 없으며, 행정의 기준은 법 조항이 아닌 백성의 실질적인 체감이어야 하고, 권한은 개인의 자랑이 아닌 백성을 위한 봉사의 도구여야 한다는 것이다. 비록 직접 민주주의를 명시적으로 언급하지는 않았지만, 그의 저술에는 시민의 감시, 비판, 참여의 가능성이 제도적 윤리로서 내재되어 있었다.

"수령이 백성을 어지럽히면 백성이 도망가고, 백성이 도망가면 고을은 텅 비고, 고을이 텅 비면 나라가 망한다."(정약용, 『목민심서』)

정약용의 이러한 백성의 정치 참여 강조는 장 자크 루소의 『사회 계약론』과 연결될 수 있다. 루소는 주권은 인민에게 있으며, 정부는 인민의 일반 의지를 실현하는 존재여야 한다고 주장했다.

정약용 역시 정치의 주체가 백성이 되어야 하며, 공직자는 백성의 위임을 받아 그 책임을 다해야 한다고 강조했으며, 이는 루소의 사회 계약론과 맥을 같이한다. 그러나 루소가 직접 민주주의를 이상적인 정치 형태로 제시하며 시민의 직접적인 참여를 강조한 것과 달리, 정약용은 현실적인 제도를 통해 백성의 정치 참여를 확대하고자 했으며, 시민의 감시와 비판을 통해 공직자의 올바른 행정을 유도하고자 했다는 점에서 차이를 보인다.

이재명, "정치의 주인은 유권자다"를 말로 끝내지 않다

이재명은 선거 때마다 단호하게 말했다.

"정치라고 하는 것도 농사를 짓는 것과 같다고 생각합니다. 가을이 돼서 수확만 하려는 정치가 아니라, 평소에 씨 뿌리고 가꾸는 정치를 해야 합니다."(이재명, 민생정책 협약식 인사말, 2025. 5. 8.)

그는 투표를 단순한 권한 위임이 아닌, 정치적 책임의 시작으로 보았다. 유권자가 대표자를 선출한 이후에도 지속적인 감시와 질문을 통해 정치가 올바르게 작동하도록 해야 한다고 역설했다.

이러한 신념을 바탕으로 성남시장 재임 시절, 시민 참여를 확대하기 위한 다양한 시스템을 구축했다. 시민조례발안제를 도입하여 시민들이 직접 조례안을 발의하고 심의에 참여하게 함으로써 지방 정부 입법 과정에 주민 의견을 제도적으로 반영했다.

또한, 시민예산참여제를 확대하여 예산 총액의 일부를 시민들이 직접 편성하고 분배하는 재정 민주주의를 실천했다. 논란이 큰 정책에 대해서는 주민투표 기반 조례 개정제를 통해 시의회가 아닌 시민들의 직접 투표로 결정함으로써 정치적 정당성을 시민의 의사로 검증받도록 했다.

이재명은 정치인을 "머슴"이라 불렀다. 그러나 그 머슴을 감시하고 평가하는 주인이 없으면 정치는 다시 구습으로 회귀한다고 경고했다.

"진실과 정의가 승리하는 세상을 위해 손가락을 많이 써야 합니다."(이재명, 광주 '손가락 혁명군 출정식' 연설, 2017. 1. 15.)

이재명은 말보다 구조를 바꾸는 데 집중했다. 그 구조는, 시민의 실천 없이는 작동할 수 없는 시스템이었다. 그는 말보다 제도를 고치는 데 집중했다. 다만 그 제도는 시민의 실천 없이 작동하지 않는 구조였다. 이재명은 시민을 민주주의의 '감시자'일 뿐 아니라, 구조 개혁의 실질적 참여자로 위치시켰다. 이는 정치가 행정가의 능력이 아니라 시민 공동체의 협력으로 작동해야 한다는 철학을 보여준다.

이재명은 다양한 시민 참여 제도를 통해 시민의 정치적 효능감을 높이고, 시민 스스로 정치에 참여하여 공동체 문제를 해결하는 주체적인 시민을 양성하고자 했다. 이재명은 한국 정치의 현실을 직시하며 시민의 감시와 참여가 정치인의 책임을 담보하고 부패를 방지하는 필수적인 조건임을 강조했다.

투표는 시작이고, 실천은 책임이다

정약용은 『목민심서』를 통해 수령의 윤리와 책무를 명확히 규정했다.

그러나 그 윤리가 제대로 작동하려면, 백성의 감시와 참여가 전제되어야 한다는 암시도 남겼다. 이재명은 제도 설계를 통해 그것을 현실화했다.

성남시에서 그는 조례 하나, 예산 하나까지 시민의 손으로 넘어오게 만드는 시스템을 만들었다.

정약용이 말한 "정치의 본질은 백성의 삶을 낫게 하는 것"은, 이재명이 실현한 "정치는 사람을 위한 기술"과 정확히 겹친다.

그러나 그 기술은, 시민의 손이 움직일 때만 살아 있다.

정치의 완성은 시민의 실천에 달려 있다

정약용은 유배지에서 "백성을 위하는 것이 목민의 도리요, 그 길은 곧 자신을 낮추는 데서 비롯된다."(정약용, 『목민심서』 서문)고 말했다.

이재명은 단식 중 "나는 머슴이다. 시민이 정치의 감시를 멈추면, 정치는 다시 망가진다"고 말했다.

정치는 시스템이 아니다. 정치는 시민과 정치인의 신뢰 관계다. 그 신뢰를 지속시키는 힘은 오직 시민의 실천과 의식에서 나온다. 정치는 투표로 위임되지만, 그 위임이 책임이 되려면, 시민의 눈과 손이 정치와 연결되어 있어야 한다.

☑ 정치는 시민이 끝까지 책임질 때 완성된다.

☑ 나의 선택은 시작이고, 그다음은 실천이 이어져야 한다.

시민 질문

☑ 내가 선택한 정치인을 얼마나 감시하고 있는가?

☑ 그 정치가 나의 삶을 얼마나 듣고, 응답하고 있는가?

☑ 나는 정치의 객체인가, 주체인가?

"진실로 어진 수령이 있어 제 직분을 다할 것을 생각한다면 아마도 방법에 어둡지는 않을 것이다. (중략) 이 책은 첫머리의 부임과 맨 끝의 해관 2편을 제외한 나머지 10편에 들어 있는 것만 해도 60조나 되니, 진실로 어진 수령이 있어 제 직분을 다할 것을 생각한다면 아마도 방법에 어둡지는 않을 것이다."

– 정약용, 『목민심서』 서문

어떤 리더를 원하는가?

리더는 만들어지는 것이 아니라, 선택되는 것이다.

정치는 누가 이끌 것인가의 문제이기 이전에, 우리가 누구를 선택하는가의 문제다.

정약용이 꿈꾼 세상도, 이재명이 실현하려 한 정치도 결국은 백성과 시민이 어떤 리더를 믿고, 어떤 기준으로 선택하느냐에 달려 있었다.

모든 책임을 리더에게 돌릴 수 없다. 그 리더를 만든 것 또한 시민의 선택이기 때문이다.

정약용, 지도자의 조건을 백성에게 되묻다

정약용은 『목민심서』에서 지도자의 자격을 냉철하게 분석하며, 청렴, 절제, 공정, 책임, 실천이라는 필수 덕목을 제시하기에 앞서 "수령을 누가 뽑는가? 수령을 감시하는 눈은 누구의 것인가?"라는 근본적인 질문을 던졌다.

"수령은 외로이 있으니, 자신이 앉은 자리 밖은 모두 속이는 자들뿐이다. 눈을 사방에 밝히고, 귀를 사방에 통하게 해야 한다."(정약용, 『목민심서』, 「이전」)

그는 고독한 수령 주변에는 아첨하는 자들만이 있을 수 있음을 지적하며, 스스로 사방을 주시하고 모든 소리에 귀 기울여야 한다고 강조했다.

정약용은 통치자 개인의 자질보다 그를 선택하고 감시하는 백성의 중요성을 더욱 강조했다. 수령의 타락이 백성의 고통으로 직결되므로, 그 고통의 반복을 막기 위해서는 깨어 있는 시민의식이 필수적이라고 본 것이다.

그는 단순히 이상적인 지도자를 꿈꾼 것이 아니라, 현명한 선택을 할 수 있는 성숙한 시민을 육성하고자 했다. 정치가 위로부터의 개혁뿐만 아니라, 아래로부터의 주체적인 선택에 의해 완성된다는 통찰을 이미 간파했던 것이다.

정약용의 이러한 시민관은 장 자크 루소의 '일반의지' 개념과 연결된다. 루소는 주권은 국민 전체에게 있으며, 올바른 정치는 전체 시민의 일반의지에 따라 이루어져야 한다고 주장했다.

정약용 역시 백성이 정치의 주체로서 권력을 감시하고 방향을 설정해야 한다고 보았으며, 이는 루소의 민주주의 원리와 맥을 같이한다. 그러나 루소가 급진적인 직접민주제를 주장했다면, 정약용은 당대 조선의 현실 속에서 점진적인 시민 의식의 함양과 간접적인 감시 체계 강화를 통해 정치를 개혁하려 했다는 점에서 보다 실천적이고 유교적 전통에 뿌리를 둔 접근을 취했다.

정약용은 백성이 정치의 주체로서 권력을 감시하고 평가해야 한다고 보았다. 정약용은 공동체의 안녕과 사회 질서 유지를 위해 시민의 역할을 강조했다.

특히, 정약용은 백성이 단순히 권력에 저항하는 존재가 아니라, 정치의 방향을 결정하고 리더를 선택하는 주체임을 강조했다.

이재명, 선택의 힘을 시민에게 되돌려주다

이재명은 자신의 정치 인생을 늘 "시민의 선택 위에 선 리더십"이라 정의했다.

"대한민국이라고 하는 이 국호. 국호에는 정말 큰 뜻이 담겨 있죠. 민국, 국민의 나라, 민중의 나라, 이 '민' 자는 백성이죠."(이재

명, 21대 대통령 선거 출마 선언문)

　단식 중에도 그는 시민의 중요성을 되새겼다. 자신의 권력이 커질수록, 그 권한을 부여한 시민의 책임 또한 막중해진다는 점을 잊지 않았던 것이다. 그는 선거는 민주주의의 시작일 뿐 완성이 아니며, 시민의 감시가 없다면 지도자는 쉽게 타락한다고 경고했다. 그것은 좋은 지도자가 나타나길 바라기보다, 시민들 스스로 먼저 좋은 사람을 뽑을 수 있어야 한다는 의미이다.

　그는 시민의 선택 이후가 정치의 진짜 시작이라고 강조하며, 시민이 '감시자'이자 '동행자'로 함께 가야 민주주의가 완성된다고 역설했다.

　"저는 우리 국민들의 위대함이 대한민국 위대함의 원천이라고 생각합니다. (중략) 아마 겨울이 깊었던 것처럼 봄은 더 따뜻하겠죠. 따뜻한 봄날을 한번 꼭 만들었으면 좋겠습니다."(이재명, 21대 대통령 출마 선언문)

　이재명에게 정치는 혼자 결정하고 이끄는 것이 아니라, 시민과 함께 써나가는 공동의 기획이었다. 성남시의 무상복지와 경기도의 기본소득 실험 역시 시민들의 지지와 선택이 있었기에 가능했다고 회고하며, 정치는 지도자의 능력에서 비롯되는 것이 아니라, 시민의 기준에서 시작되는 여정임을 자신의 실천으로 증명해 왔다.

　이재명은 시민 주권을 강조하였다. 이러한 강조는 시민참여 예산제, 주민투표 등 다양한 제도를 통해 실현되었다. 이재명은 한국 정치의 현실을 직시하며 시민의 감시와 참여가 정치인의 책임을 담보하고 부패를 방지하는 필수적인 조건임을 강조했다.

정치적 선택은 곧 나의 삶에 대한 선택이다

정약용은 글로써 권력을 설계했지만, 그 글은 늘 백성을 향해 있었다.

그는 수령이 어떤 철학을 가졌는가보다, 어떤 행동을 했고, 어떻게 책임졌는가를 중요하게 여겼다.

이재명은 정책으로 현실을 바꿨지만, 그 정책의 뿌리는 시민의 고통을 듣는 일에서부터 출발했다. 그는 행정이란 고통의 실체에 반응하는 기술이라 보았다.

두 사람 모두 정치란 사람의 얼굴을 가진 기술, 삶을 설계하는 윤리라고 생각했다. 결국 리더를 선택한다는 것은 정치를 고르는 것이고, 그 정치는 나의 삶을 설계하게 된다는 것을 의미한다.

나는 어떤 리더를 선택할 것인가?

정약용은 백성에게 지도자를 선택하는 기준으로 자신보다 백성을 먼저 생각하는 사람인지, 권력을 함부로 휘두르지 않고 두려워하는 사람인지, 그리고 말보다는 실천으로 스스로를 증명해 온 사람인지를 제시했다.

이재명 또한 지도자의 기준으로 약자의 목소리에 끝까지 귀 기울이는 사람인지, 혼자 있을 때조차 원칙을 지키는 사람인지, 그리고 선택받은 이후 그 선택에 책임을 지는 사람인지를 강조했다.

결국 정치는 단순히 누가 후보인지의 문제가 아니라, 유권자인 우리가 어떤 기준으로 누구를 선택하는가의 문제이며, 우리의 선택이 우리의 삶과 미래를 바꿀 만큼 신중해야 한다는 질문을 던진다.

이는 정치가 결국 지도자의 자질을 평가하는 것을 넘어, 그러한 지도자를 만들어낸 시민 스스로의 기준을 묻는 일임을 시사한다.

- ☑ 정치는 리더의 일이 아니다. 정치는 그 리더를 만든 시민의 결정이다.
- ☑ 책임지는 사회는, 올바른 선택에서 시작된다.

- ☑ 나는 어떤 기준으로 리더를 선택하고 있는가?
  그 선택은 내 삶을, 내 사회를 바꿀 만큼 충분히 진지한가?
- ☑ 나는 정치의 소비자인가, 아니면 공동 설계자인가?

"평범한 사람들. 평범한 사람들의 나라 그리고 작지만 큰 나라죠. 많은 사람이 희망을 가지고 행복한 삶을 꿈꾸는 그런 세상이 봄날 아니겠어요. 진짜 대한민국을 만들고 싶습니다.
그냥 이름만 있는 대한민국이 아니라 진짜 대한민국."
– 이재명, 21대 대통령 선거 출마 선언문

새로운 시대, 새로운 시민

정치의 시작, 질문의 힘

질문은 시대를 깨우치는 첫걸음이다. 정치는 인간 사회의 질서를 세우고 공동체의 방향을 설정하는 과정에서 비롯되었다. 그 중심에는 항상 삶의 본질적인 문제들에 대한 질문이 자리해 왔다. "우리는 어떻게 살아야 하는가?", "정의로운 사회란 어떤 모습인가?", "권력은 누구를 위해 행사되어야 하는가?"와 같은 질문들은 인간의 역사를 관통하며 지금도 유효하다.

그러나 정치가 권력 쟁취의 수단으로 전락하면서 이러한 질문들은 점차 잊혀져 갔다. 공동체의 미래는 뒷전으로 밀리고, 개인의 야망과 집단의 이익이 전면에 나섰다.

정약용과 이재명은 이러한 현실을 통찰하며 정치의 본질을 회복하고자 했다. 그들은 질문을 정치의 출발점이자 목표로 삼았고, 질문을 통해 더 나은 공동체를 설계하고자 했다.

다산 정약용: 질문하는 사상가, 시민을 위한 설계자

정약용은 조선 후기의 사회혼란 속에서 백성들의 고통을 직시하며 질문을 던졌다. 그는 권력의 기능과 역할에 대해 근본적인 회의를 품었고, 제도 개혁을 통해 그 답을 구체화했다. 『목민심서』, 『경세유표』, 『흠흠신서』 등 그의 방대한 저술은 정치가 누구를 위한 것이어야 하는지를 끊임없이 묻고 또 묻는 과정의 결과물이었다.

그는 정치가 특정 인물의 능력에 의존해서는 안 된다고 보았고, 깨어 있는 시민과 견고한 제도야말로 지속 가능한 정치의 기반이라고 믿었다. 그는 모든 질문을 "백성을 편하게 하는 것"이라는 하나의 대답으로 수렴시켰고, 그 철학을 실천 가능한 시스템으로 정리했다.

이재명: 질문을 시민에게 되돌린 정치가

이재명은 정치인의 역할을 시민의 의사를 집행하는 대리인으로 보았다. 그는 시민에게 정치의 결과를 설명할 뿐 아니라, 그 과정에 참여할 수 있도록 제도적 장치를 마련했다. 성남시장과 경기도지사 재임 시절, 그는 시민조례발안제, 시민예산제, 청년정책위원회 등을 통해 시민의 질문이 정책으로 이어지도록 설계했다.

그는 시민을 정책의 수혜자가 아니라 주체로 대우했다. 시민이 스스로 질문하고 결정하는 사회만이 건강한 민주주의를 실현할 수 있다고 확신했다. 그의 행정 철학은 결국 질문하는 시민이야말로 민주주의를 움직이는 진짜 동력이라는 믿음에서 출발했다.

정약용과 이재명: 질문하는 인간, 질문을 남긴 리더

정약용은 "왜 백성은 고단한가"라는 질문을 유배지에서 되뇌었고, 이재명은 "정치는 누구를 위한 것인가"를 정치 여정 내내 묻고 또 물었다. 두 사람은 단지 질문을 던진 것이 아니라, 그 질문에 실질적인 해답을 제시하고, 그것을 구조화하려 했다.

정약용의 저술은 조선 후기 사회를 정면으로 직시한 사유의 결과였고, 이재명의 정책은 현대 한국 사회에 던진 실천적 응답이었다. 두 사람 모두 질문을 남겼고, 그 질문은 오늘날에도 여전히 유효하게 남아 있다.

이제, 시민이 질문할 차례다

21세기의 시민은 단순한 수용자가 아니라, 스스로 묻고 답을 찾아가는 존재가 되어야 한다. 지금 우리가 사는 사회는 어떤 모습이며, 무엇을 바꿔야 하고, 누구를 위한 구조인가. 이 시대가 던지는 가장 중요한 질문에 시민은 외면하지 않고 응답할 준비를 갖추어야 한다.

질문이 멈추는 순간, 정치도 멈추고 민주주의도 후퇴한다. 그러나 질문이 계속되는 한, 민주주의는 살아 있고 사회는 전진한다. 정약용이 그랬고, 이재명이 이어갔듯, 정치의 본질은 질문에서 출발하여 구조로 구현되어야 한다. 질문하는 시민이 있는 한, 이 나라는 멈추지 않는다.

"지금 문화 영역에서는 정말 세계를 상당 부분 선도하고 있지 않습니까. 그걸 우리 K-컬처, 한류라고 부르지 않습니까. 근데 여기에 더해서 이제는 K-민주주의 아마 이번 두 번에 걸친 촛불혁명 빛의 혁명을 통해서 무혈의 평화 혁명으로 현실 권력을 끌어내리는 세계사에 없는 일들이 민주주의의 이름으로 이뤄졌잖습니까. 정말로 위대한 민주주의의 힘을 보여준 거죠. 대한민국이 세계를 선도하는 여러 영역들이 있다고 봐요."

– 이재명, 21대 대통령선거 출마 선언문

18세기 엑셀 창안,
다산 정약용의 「식목연표」

　21세기 엑셀처럼, 다산 정약용은 컴퓨터가 없던 시절에 이미 '엑셀적 사고'로 방대한 데이터를 한눈에 정리하는 능력을 발휘했다. 그의 「식목연표植木年表」는 18세기 조선의 창의적인 정보 시각화의 걸작이다.

　정조는 아버지 사도세자의 능(현륭원)을 조성하고 그 주변에 나무를 심어 조림을 하였다. 정조는 그 결과 보고서를 제출토록 하였다.

　"7년 동안 8읍邑에 나무를 심은 데 대한 장부가 수레에 실으면 소가 땀을 흘릴 정도로 많은데, 그 공로는 누가 더 많은지, 나무의 숫자는 얼마인지 아직도 명백하지 않으니, 네가 그 번거로운 것은 삭제하고 간략하게 간추려서 되도록 명백하게 하되 1권이 넘지 않게 하라."(정약용, 「식목연표」에 발함, 『다산시문집』)

정조는 정약용에게 보고서를 간결하게 1권 분량으로 정리해서 보고하도록 명령하였다. 다산은 보고서를 살펴보고서 혁신적인 표 형식을 고안했다. 그것은 가로 12칸에 7년간의 월별, 단위별 기간을, 세로 8칸에 8개 읍을 배치하고 각 칸에 해당 지역과 기간에 심은 나무 수를 기록했다.

그렇게 해서 나온 나무의 수가 총 12,009,712그루였다. 다산은 방대한 데이터를 단 한 장의 표로 압축했다. 정조는 이를 보고 놀라움을 금치 못했다.

「식목연표」는 단순한 숫자 정리를 넘어, 핵심 정보 구조화와 명확한 전달을 보여주는 탁월한 데이터 요약표로, 오늘날 엑셀 기능과 유사하다.

이는 단순한 표가 아닌 역사 기록이자 행정 효율성과 정보 시각화의 모범 사례다. 다산의 「식목연표」는 18세기 조선의 '종이 엑셀'이며, 데이터 정리 및 시각화의 창의적 선구자 정신을 보여주는 역사적 증거다.

오늘날 엑셀 사용자에게 「식목연표」는 단순한 고전이 아닌, 창조적 정리 능력의 교과서와 같다.

멈추지 않는 질문,
깨어 있는 시민의 길을 열다

정치는 무엇이어야 할까?

누군가에게는 여전히 권력을 향한 경쟁의 장이고, 또 다른 누군가에게는 고단한 일상의 무력함 속에 부딪히는 외면의 대상이다. 하지만 우리는 기억해야 한다. 진짜 정치는 늘 그 반대편, 가장 낮은 곳에서 시작된다는 것을.

조선 말, 부패와 불의가 들끓던 곡산 땅에서 억울한 백성에 대한 호소에 다산이 보인 소통과 긍휼의 판결은 오늘날 우리에게 진정한 리더의 면모를 보여준다. 그는 아전들의 체포를 물리치고 공정한 심문을 통해 "관청이 밝지 못한 것은 백성이 제 뜻을 말하지 않기 때문이다. 너 같은 사람은 관청에서 천금으로 사들여야 할 인재다."라며 무죄 방면하였다. 다산은 200여 년 전, 깨어 있는 시민,

'참된 눈'을 가진 사람의 가치를 알아보았던 것이다. 이것은 정치는 곧 사람이라는 다산의 신념을 보여준다.

그리고 오늘, 또 한 사람의 정치인이 그 길 위에 서 있다. 바로 공장에서 화학약품에 찌든 손으로 책장을 넘기며 법을 꿈꾸었던 이재명. 그는 가난과 멸시를 꿰뚫고 생존을 버텼고, 성남시청 지하에서 흐느끼며 정치의 길을 결심했다. "시민이 병원 하나 없이 아프게 죽어가는 것을 더는 참을 수 없다"는 이유 하나였다. 다산이 유배지에서 600여 권의 책을 썼다면, 이재명은 현장에서 600여 가지의 정책을 밀어붙였다. 다산이 "수령을 감시하는 깨어 있는 눈"을 이야기했다면, 이재명은 "정치는 시민의 손끝에서 시작된다"는 말로 잇고 있다.

정치는 멀리 있지 않다. 우리의 질문과 발걸음 안에 있다.

"누가 우리를 진짜 위하는가?

우리는 어떤 삶을 선택해야 하는가?

그리고 더 나은 세상을 위해, 우리는 무엇을 요구해야 하는가?"

이 책은 그런 질문에서 시작했다.

정약용과 이재명, 두 사람은 각자의 시대에서 정치를 '살아 있는 것'으로 만들었다. 그들은 권력 앞에 고개 숙이지 않았고, 고통받는 사람들 곁에 머물며 귀 기울였다. 정치는 거창한 말이 아니라, 사람을 향한 실천임을 몸소 보여주었다.

이제, 선택은 우리에게 달려 있다. 정치는 먼 나라 이야기가 아니다. 우리가 깨어 있고, 묻고, 참여할 때 비로소 정치는 살아난다. 다산이 걸었던 그 길 위에서, 이재명이 실천했던 그 자리에서, 이제 시민의 역할이 시작된다.

이 책의 마지막 문장이 여러분의 첫 번째 질문으로 이어지기를 바란다.

그리고 그 질문이, 이 나라의 다음 200여 년을 비추는 빛이 되기를 간절히 소망한다. 다산이 우리에게 던진 질문, "당신은 어떤 그릇을 만들고 있는가?"에 대한 답을 찾는 여정에 독자 여러분 모두가 함께하기를 소망한다.

"나는 이달에 들어서면서부터는 심사가 더욱 괴롭구나.
내가 너희들의 지취志趣를 보니, 문자文字를 폐지하려고 하
는 것 같은데, 참으로 하나의 비천한 맹예氓隸가 되려고 그
러느냐? 청족淸族일 때는 문자를 하지 않아도 혼인도 할
수 있고 군역도 면할 수 있거니와, 폐족이 되어서 문자를
하지 않는다면 어떻게 되겠느냐. 문자는 그래도 여사에
속하거니와, 학문을 하지 않고 예의가 없으면 금수와 다
를 것이 있겠느냐."

– 정약용, 두 아들에게 답함, 『다산시문집』

"매일 재문, 재옥이가 고생한다. 불쌍한 녀석들.
어쩌다 부모 잘못 만나 이 고생인지. 이런 우리 집 살림은
순전히 아버지 때문이다. 그 결과 우린 3년 동안 아버지
없이 이집 저집 동정받아 가며 살아야 했다. 엄마는 우리
5남매를 학교 보내는 일을 혼자서 했다. 참으로 고생 많
이 하셨다."

– 이재명의 일기, 1980. 1. 8.

appendix

부 록

  지금 이 글에서 말하려는 것은 바로 '법'입니다. 그런데도 굳이 이름을 '예禮'라 한 까닭은 무엇일까요?

  옛 성왕들은 예로 나라를 다스리고 백성을 이끌었습니다. 그러나 예가 무너지고 쇠퇴하면서 법이라는 이름이 따로 생겨났습니다. 예는 사람의 마음과 천리를 따라 자발적인 화합을 이루는 것이고, 법은 사람을 두려움으로 위협하여 억지로 따르게 만드는 것입니다. 성인은 예를 법으로 삼았고, 후대 군주는 법을 법으로 삼았습니다. 이 차이가 바로 정치의 수준 차이입니다.

  주공이 주나라를 세우면서 낙읍에서 제정한 법 여섯 편도 '예'라고 불렀습니다. 그것이 실은 법인데도 왜 예라고 했겠습니까? 예는 사람을 겁주어 억누르는 것이 아니라, 사람의 이치를 살펴 그들이 스스로 따르게 만드는 고상한 방법이기 때문입니다.

요즘 사람들은 요순시대의 정치를 "그저 팔짱 끼고 앉아 있어도 모든 일이 저절로 다스려졌다"고 단순화합니다. 그러면서 정밀하고 치밀한 법 운영을 말하면 "그건 말세의 억압이다"라고 치부해버립니다. 그러나 제가 보기에 실제로 백성을 고달프게 일 시키고, 자고 나도 쉴 틈 없이 몰아붙인 것은 오히려 요순이었습니다. 천하 사람을 조심하게 만들고 거짓말 하나도 못 하게 한 것도 요순이었습니다. 그런데 후대는 오히려 그들을 '소극적이고 한가로운 임금'이라 오해합니다.

공자가 "순은 아무 일도 하지 않았다"고 말한 것도, 그가 유능한 신하를 많이 기용했기에 직접 나설 필요가 없었다는 뜻이지, 정말로 아무것도 안 했다는 말이 아닙니다. 그런데 사람들은 그 한마디만 듣고 요순의 법도는 다 잊어버립니다. 이는 깊은 오해입니다.

『주역』에도 "하늘은 부지런히 움직인다"고 했습니다. 요순은 그런 하늘의 도를 따랐습니다. 신하들도 마찬가지로 부지런히 임금의 손발이 되어 움직였습니다. 그런데 지금의 대신들은 "대체를 가진다"는 말 한마디만 붙들고 아무 일도 하지 않아도 되는 것처럼 행동합니다. 참으로 한심한 일입니다.

조참이 청정한 정치를 했다고 하나, 그건 한나라가 막 세워진 뒤여서 백성을 자극하지 않으려던 시대적 배경 때문이었습니다. 진평이나 진평의 길을 따른 위상, 병길 같은 이들은 꾀만 부려 권세를 누렸고, 조정에서 일은 안 하고 녹만 받아먹었습니다. 그들에 비해 요순시대의 신하들은 온몸이 닳도록 일했습니다.

가의는 때를 잘못 만나 말을 했고, 왕안석은 경전을 인용해 정책을 포장했지만, 결국 그가 추구한 것은 백성을 상인처럼 다루는 얄팍한 계산에 불과했습니다. 그러자 후세 사람들은 '법을 고치자'는 말만 꺼내도 왕안석과 같다고 공격하고, 스스로는 한기, 사마광처럼 고루한 보수임을 자처합니다. 이것이 나라가 쇠락하는 이유입니다.

법이란 시대에 따라 보태고 줄이며 새롭게 해야 합니다. 은나라가 하나라의 법을 그대로 두지 않았고, 주나라도 마찬가지였습니다. 그러나 한나라 사람들은 진나라의 법을 그대로 따르기만 했고, 변화를 두려워했습니다. 이는 그들이 어리석었기 때문이지, 법이 바꿀 수 없어서가 아닙니다.

우리 조선에도 마찬가지였습니다. 효종과 영조는 용기 있게 공법, 노비법, 군포법, 천거법을 고쳤습니다. 당시엔 반대가 거셌지만, 결국 백성들은 이 제도들이 가져온 안정을 누렸습니다. 영조는 균역법을 도입하며 "나라가 망해도 이 법은 반드시 시행해야 한다"고 했습니다. 이는 위대한 결단입니다.

오늘날 '조종의 법'이니 하며 무조건 바꿔서는 안 된다고 말하는 이들이 많지만, 그 법들은 창업 시기의 불안한 상황에서 임시방편으로 만들어진 것들입니다. 거친 장수들과 불안한 백성들이 가득한 때였으니, 새로운 것을 시도하기보다 옛것을 답습했던 것입니다. 지금 와서까지 그 법을 성역처럼 여기는 것은 옳지 않습니다.

조선 초기 세종이 일부 법을 정비한 이후, 임진왜란을 거치며 법은 문란해졌고, 국방과 재정은 피폐해졌습니다. 관청은 늘고 탐욕은 심해졌으며, 백성들은 점점 고통받고 있습니다. 저는 이 상황을 묵과할 수 없습니다. 털끝만 한 일도 병폐가 되지 않은 것이 없으니, 고치지 않으면 나라가 망할 것입니다.

저는 죄를 입고 물러난 몸이니 원래는 나라의 법을 논할 자격이 없습니다. 그러나 유형원 선생도 개혁안을 논의했으나 죄를 받지 않았고, 그 글은 간행되기까지 했습니다. '초본艸本'이라 한 것은, 아직 완성된 것이 아니고 후세가 고쳐 쓸 수 있도록 여지를 남겼기 때문입니다. 저는 식견도 얕고 견문도 좁습니다. 그렇기에 누군가 능숙한 사람이 고치고 다듬어 주기를 바랍니다.

다만 다음의 몇 가지 기본 원칙은 꼭 지켜야 한다고 봅니다:

육조에 각기 20개의 관서를 두어 120개로 한정할 것.

관직은 9품으로 정하고 1~2품만 정·종 구별을 둘 것.

과거제도 개혁: 대과와 소과를 통합하고, 무과와 문과의 정원을 같게 할 것.

군포 폐지, 둔전 재정비, 세금제도 정비로 백성의 부담을 줄일 것.

향리의 세습 제한, 이용감 설치, 실용기술과 국방강화를 위한 북학 추진 등.

이러한 기본 구조는 바꿀 수 없지만, 세부적인 조항은 시행하면서 고칠 수도 있습니다. 완성된 수레를 끌기 전, 시험 운행해 보듯 법도 그렇게 실험하고 정비해야 할 것입니다. 이것이 '초본'이라는 이름을 붙인 이유입니다.

– 한국고전번역원 자료를 바탕으로 재구성함

『목민심서牧民心書』
서문

　　옛날 순임금은 요임금의 뒤를 이어 나라를 다스리면서 열두 명의 지방 장관인 '목牧'에게 직접 물어 그들에게 백성을 잘 돌보게 했습니다. 주나라 문왕도 정치를 하면서 '사목司牧'을 세워 목부牧夫로 삼아 백성을 돌보게 했고, 맹자는 백성을 기르고 보호하는 일을 소를 방목하는 '추목芻牧'에 비유했습니다. 이처럼 백성을 기르고 다스리는 일을 '목牧'이라 부른 것은 성인들이 남긴 깊은 뜻입니다.

　　성현들의 가르침에는 두 갈래가 있습니다. 하나는 '사도司徒'가 백성을 가르쳐 스스로 수양하도록 하는 것이고, 또 하나는 '태학太學'에서 국자國子에게 백성 다스리는 법을 가르치는 것입니다. 이처럼 백성을 다스리는 일, 즉 '목민牧民'은 수신修身과 함께 군자의 학문의 양대 축입니다.

하지만 성인의 시대는 오래전에 지나갔고, 그 정신도 희미해졌습니다. 지금의 관리들은 오직 자기 이익만을 추구할 뿐, 백성을 다스릴 줄 모릅니다. 그래서 백성들은 가난과 질병에 시달려 구렁텅이에 빠져 죽어가고 있는데, 관리들은 좋은 옷과 맛있는 음식을 즐기며 자기 배만 불립니다. 이 얼마나 슬픈 현실입니까?

나의 아버지는 조정의 신임을 받아 여러 고을의 수령을 지내며 훌륭한 업적을 남기셨습니다. 나도 그 곁을 따라다니며 조금씩 배웠고, 뒤에 직접 수령이 되어 시험해 본 적도 있습니다. 하지만 지금은 유배된 몸이라 이 지식과 경험을 쓸 곳이 없습니다. 그래서 외딴 남녘 유배지에서 『오경』과 『사서』를 깊이 읽으며 수양을 쌓았고, 백성 다스리는 것이 학문의 절반임을 깨달아, 다시 『이십삼사』와 우리나라 역사서, 제자백가의 책을 모아 옛날의 수령들이 백성을 어떻게 다스렸는지를 꼼꼼히 살펴 정리했습니다.

내가 살던 남쪽 지방은 세금으로 거두는 농산물이 많은 곳이라 탐관오리들이 들끓었고, 내 처지가 낮았기에 백성들의 고충을 생생히 들을 수 있었습니다. 그래서 그 내용도 정리해 내 얕은 생각을 덧붙였습니다.

이 책은 총 12편으로 구성되어 있습니다. 부임, 자기 수양, 공무 수행, 백성 사랑 등으로 시작하여, 마지막엔 관직에서 물러나는 부분까지 다루고 있습니다. 각 편마다 6개의 항목이 있어, 전체

72조목이 됩니다. 어떤 것은 몇 개 조항을 모아 한 권으로 하고, 어떤 것은 하나의 항목을 여러 권으로 나누기도 해서 총 48권의 책으로 완성했습니다.

비록 옛 왕들의 제도를 그대로 따르지는 못했지만, 백성을 다스리는 데 필요한 실무 지침은 빠짐없이 갖추었다고 자부합니다. 고려 말엔 수령을 평가할 때 다섯 가지 기준이 있었고, 조선에서는 일곱 가지로 늘렸지만, 그저 대강만 언급한 것일 뿐입니다. 수령의 직무는 매우 방대하므로 이 책처럼 조목조목 정리하지 않고서는 감당하기 어렵습니다.

나는 옛 관리들이 남긴 책들도 참고했지만, 지금은 그런 책들조차 전해지는 게 드뭅니다. 대신 쓸데없는 소문이나 글들만 세상에 널리 퍼져 있습니다. 내 책이 과연 오래 전해질 수 있을까요? 『주역』은 "옛사람의 말과 행동을 많이 알아야 자기의 덕을 기를 수 있다"고 했습니다. 이 책도 그런 뜻에서 썼지, 단지 누군가에게 도움을 주려 한 것은 아닙니다.

이 책 이름을 심서心書라 한 것은, 백성을 다스리고자 하는 마음은 크지만, 현실에서는 실천할 수 없기 때문입니다. 그래서 그 뜻만이라도 담아 이렇게 남기는 것입니다.

1821년 늦봄, 열수洌水에서 정약용이 씁니다.

- 한국고전번역원 자료를 바탕으로 재구성함

『흠흠신서欽欽新書』
서문

　사람의 생사는 오직 하늘의 뜻에 달려 있는 것이니, 생명은 하늘에 맡겨져 있다고 할 수 있습니다. 그런데 지방 관리가 그 중간에서 선한 사람은 보호하고, 죄 있는 사람은 벌하는 역할을 합니다. 이는 하늘의 권한을 대신하는 일이기에 매우 중대한 책임입니다.

　그런데 이처럼 중요한 일을 맡은 사람이 조심성과 경건함 없이 대충 처리하고 소홀히 하여, 마땅히 살려야 할 사람을 죽게 하고, 죽여야 할 사람을 살려두기도 합니다. 그럼에도 이를 당연히 여기고 아무렇지도 않게 생각하는가 하면, 부정한 방법으로 재물을 얻고, 여인을 탐하며, 백성들의 억울한 호소에도 응답하지 않으니, 이것이야말로 큰 죄악입니다.

사람의 목숨과 관련된 재판 사건은 군현에서 늘 발생하며 지방관이 가장 자주 마주치는 일인데도, 실상 조사와 판결은 늘 엉성하게 이뤄집니다. 조선 정조(건릉)의 시대에는 감사나 수령들이 이런 이유로 문책당하기도 했습니다. 그래서 그 시기엔 사람들이 조심했지만, 최근에는 다시 태만해져 억울한 사건이 많아졌습니다.

　나는 백성을 다스리는 일을 정리하면서 생명과 관련된 문제는 반드시 별도로 다루어야 한다고 판단하여, 이 책을 따로 편찬했습니다. 경서의 가르침을 앞부분에 실어 근본 원칙을 밝히고, 이어서 역사적 사례를 소개해 예전의 판례를 설명했습니다. 이 부분이 3권 분량입니다.

　그다음엔 세밀히 분석하고 논평한 글을 실어 당대의 법 관행을 살폈습니다. 이 부분이 5권이고, 청나라 사람들의 실제 재판 사례를 분석해 죄의 경중을 구분한 내용은 4권입니다. 또한 조선 시대 실제 사건 중 논리와 문장이 부족한 것은 보완하고, 관청의 의견과 왕의 결정을 충실히 기록하면서 내 의견도 덧붙였습니다. 이 부분이 15권입니다. 마지막으로, 황해도에서 수령으로 있을 때 왕명을 받아 직접 재판했던 경험, 형조 참의로 있으면서 맡은 일, 유배 중에도 접한 옥사에 대한 의견을 정리해 3권으로 묶었습니다. 모두 30권입니다. 이 책 이름을 『흠흠신서欽欽新書』라 하였습니다.

　내용은 복잡하고 다양하지만, 실제 업무에 도움이 되리라 생각합니다.

옛날 자산子産이 형벌 법전을 주조하자 군자들이 비난했고, 이회李悝가 『법경法經』을 만들자 후인들이 가볍게 보았습니다. 하지만 그 법전들에는 사람의 생명과 직결된 조항이 포함되어 있지 않았습니다. 수나라와 당나라 때는 형사법에서 사람의 생명에 관련된 죄목을 도둑질이나 다툼과 뒤섞어 구분하지 않았습니다. 그래서 오직 "사람을 죽이면 죽음으로 처벌한다"는 간단한 원칙만 알 뿐이었습니다.

명나라에 와서 율례가 잘 정비되면서 살인의 동기와 경중을 '계획적謀', '고의故', '싸움鬪', '실수戲/誤', '과실過' 등으로 세밀히 구분하였고, 그에 따라 판결도 명확해졌습니다. 그러나 조선의 양반 사대부들은 평생 시나 문학에만 익숙해, 정작 수령이 되면 형사 사건 처리에 당황하기 일쑤였습니다. 결국 간사한 하급 관리에게 맡겨버리고 자신은 관여하지 않는데, 그 간악한 이들이 과연 정의롭게 형벌을 집행할 수 있겠습니까?

차라리 여가에 이 책을 펼쳐서 『세원록洗冤錄』과 『대명률大明律』을 참고 삼아 정밀하게 따져본다면, 보다 신중하고 올바른 판단에 도움이 될 것입니다. 그렇게 하면 하늘의 권한도 그릇되게 행사하는 일이 줄어들 것입니다.

옛날 구양수는 지방 관리로 있을 때 공안 기록을 꺼내 다양한 판례를 연구하여 생명 관련 재판의 기준으로 삼았습니다. 하물며 지금 실제 그 자리에 있는 이가 어찌 소홀히 할 수 있겠습니까?

'흠흠欽欽'이란 말은 '경건히 삼가고 또 삼가라'는 뜻입니다. 형벌을 다루는 자의 태도는 반드시 이래야 한다는 뜻에서 책 이름을 그렇게 붙였습니다.

1822년 봄, 열수洌水에서 정약용 씀.

– 한국고전번역원 자료를 바탕으로 재구성함

1762년(영조 38, 1세)

6월 16일, 광주 마현리에서 출생. 자는 미용·송보, 호는 사암·다산. 아버지 정재원은 시파로 사도세자 사건 후 실직.

1763년(영조 39, 2세)

완두창을 앓음.

1765년(영조 41, 4세)

천자문을 배우기 시작.

1767년(영조 43, 6세)

부친 정재원이 연천 현감으로 부임, 연천으로 가서 부친에게 교육받음.

1768년(영조 44, 7세)

오언시를 짓기 시작. 「산」이라는 시의 "작은 산이 큰 산을 가렸으니, 멀고 가까움이 다르기 때문小山藏大山 遠近地不同"이라는 구절로 아버지에게 명석함을 인정받음. 천연두를 앓아 오른쪽 눈썹 위에 흔적이 남아 스스로 호를 삼미자三眉子라 함. 『삼미자집』 저술(10세 이전).

1770년(영조 46, 9세)

모친 해남 윤씨 사망. 외증조부는 윤선도의 증손 윤두서.

1771년(영조 47, 10세)

경서와 사서를 수학. 경서와 사서를 본떠 지은 글이 키만큼 쌓임.

1774년(영조 50, 13세)

두시杜詩를 본떠 시를 지어 부친의 친구들에게 칭찬받음.

1776년(영조 52, 15세)

관례를 치르고 풍산 홍씨 홍화보의 딸과 결혼. 부친이 호조좌랑으로 서울에 있어 서울 남촌에 거주.

1777년(정조 1, 16세)

이가환, 이승훈을 추종하며 이익의 유고를 보고 사숙. 부친의 임지 화순으로 감. 청주, 전주 등지를 유람하며 시를 지음.

1778년(정조 2, 17세)

전남 화순 동복현 물염정과 광주 서석산 유람. 겨울에 둘째 형 약전과 화순현 동림사에서 『맹자』를 읽음.

1779년(정조 3, 18세)

부친의 명으로 공령문을 공부. 성균관 승보시에 선발. 손암 정약전이 녹암 권철신을 모심. 겨울에 천진암, 주어사에서 강학회 개최. 이벽이 밤중에 찾아와 경전 토론.

1780년(정조 4, 19세)

부친이 예천 군수로 부임, 예천에서 글을 읽음. 반학정, 촉석루를 유람하며 독서하고 시를 지음. 겨울에 부친이 어사의 모함으로 예천 군수 사임 후 마현으로 돌아옴.

1781년(정조 5, 20세)

서울에서 과시를 익힘. 7월에 첫째 딸 출생, 5일 만에 사망.

1782년(정조 6, 21세)

서울 창동에 집을 사서 거주.

1783년(정조 7, 22세)

성균관 입학. 2월 증광감시 경의 초시에 둘째 형 약전과 함께 합격. 4월 회시에 생원으로 합격. 회현방 재산루로 이사. 9월 12일 큰아들 학연 출생.

1784년(정조 8, 23세)

향사례를 행하고 『중용강의』 80여 항목을 바침(율곡의 기발설 위주). 이벽을 따라 두미협을 내려가며 서교에 관한 이야기를 듣고 책을 봄. 『성호사설』을 통해 상위수리, 『칠극』, 『영언여작』, 『주제군징』 등 서양 서적 열람. 6월 16일 반제에 뽑힘. 9월 28일 정시 초시에 합격.

1785년(정조 9, 24세)

2월 25·27일, 4월 16일 반제에 뽑혀 상으로 종이와 붓 하사받음. 10월 20일 정시 초시에 합격. 11월 3일 감제 초시에 합격(수석). 12월 1일 임금이 춘당대에서 식사 후 식당명 짓게 함. 다산이 수석하여 『대전통편』 한 질 하사받음.

1786년(정조 10, 25세)

2월 4일 별시 초시에 합격. 7월 29일 둘째 아들 학유 출생. 8월 6일 도기 초시에 합격.

1787년(정조 11, 26세)

1월 26일, 3월 14일 반제 수석. 『국조보감』 한 질과 백면지 1백 장 하사받음. 8월 21일 반제에 뽑힘. 8월 성균관 시험 합격. 『병학통』 교지와 함께 하사받음. 12월 반제에 뽑힘. 과거 보는 일을 그만두고 경전 연구에 뜻을 둠.

1788년(정조 12, 27세)

1월 7일 반제 합격. 희정당에서 임금에게 책문 관련 질문받음. 3월 7일 반제 수석 합격. 희정당에서 초시와 회시 횟수 질문받음.

1789년(정조 13, 28세)

1월 7일 반제 합격. 임금이 4번 초시를 보고도 급제 못 함을 안타까워함. 3월 전시에서 탐화랑으로 7품 희릉 직장에 제수, 초계 문신에 임명. 5월 부사정으로 옮김. 6월 가주서에 제수. 이해 문신 시험 5번 수석, 8번 수석에 비교됨. 각과문신으로 울산 임소의 부친을 찾아뵙고 옴. 겨울 주교 설치 공사 규제 제작하여 공을 세움. 12월 셋째 아들 구장 출생.

1790년(정조 14, 29세)

2월 26일 한림회권에 뽑힘. 29일 한림소시에 뽑혀 예문관 검열에 단독 제수. 3월 8일 해미현으로 정배. 13일 배소 도착, 19일 용서받아 풀려남. 5월 3일 예문관 검열로 복직. 5일 용양위 부사과로 승진. 7월 11일 사간원 정언에 제수. 9월 10일 사헌부 지평에 제수되어 무과감대에 나아감.

1791년(정조 15, 30세)

5월 23일 사간원 정언에 제수. 10월 22일 사헌부 지평에 제수. 겨울에 『시경의』 800여 조를 지어 올려 임금에게 칭찬받음. 겨울 호남에서 진산사건 발생.

1792년(정조 16, 31세)

3월 22일 홍문관록에 뽑힘. 28일 도당회권에 뽑힘. 29일 홍문관 수찬에 제수. 임금이 남인 중 사간원·사헌부 관직을 이을 사람을 채제공과 상의, 다산이 28명의 명단을 작성하여 올림. 4월 9일 진주 임소에서 부친상 당함. 5월 충주에 반장하고 마현으로 돌아와 곡함. 광주에 여막 짓고 거처. 겨울에 수원성 규제를 지어 올림. 『기중가도설』을 지어 올려 4만 냥 절약.

1793년(정조 17, 32세)

4월 소상을 지내고 연복으로 갈아입음. 여름에 화성 유수 채제공이 영의정으로 돌아옴.

1794년(정조 18, 33세)

6월 삼년상을 마침. 7월 23일 성균관 직강에 제수. 8월 10일 비변랑에 임명하는 계 내려짐. 10월 27일 홍문관 교리에 제수되었다가 28일 수찬에 제수. 12월 7일 경모궁 존호 추존 도감 도청이 됨.

1795년(정조 19, 34세)

1월 17일 사간원 사간에 제수. 품계 통정대부, 동부승지에 제수. 2월 17일 병조 참의에 제수되어 임금 수원 행차 시 시위. 3월 3일 의궤청 찬집문신으로 계하, 규영부 교서승 부임 명 받음. 3월 20일 우부승지에 제수. 『화성정리통고』 찬술, 현륭원 터 설치 작업(이가환, 이만수, 윤행임 등과 합작). 4월 규영부 교서직에서 정직. 7월 26일 주문모 입국 사건으로 금정도 찰방으로 외보.

온양 석암사에서 이삼환과 만남. 내포 유생들과 강학하며 『서암강학기』 지음. 성호유고 교정 시작. 『퇴계집』 읽고 『도산사숙록』 기록. 12월 20일 용양위 부사직으로 옮김.

1796년(정조 20, 35세)

10월 규영부 교서. 『사기영선』 제목과 『규운옥편』 범례에 자문. 이만수 등과 『사기영선』 교정. 12월 1일 병조 참지, 3일 우부승지 제수. 다음 날 좌부승지, 부호군으로 옮김.

1797년(정조 21, 36세)

3월 대유사 향연 참석, 『춘추』 경전 교정. 이서구, 김조순과 두시 교정. 교서관 입직하며 『춘추좌씨전』 교정. 6월 22일 좌부승지 사퇴

상소. 윤윤 6월 2일 곡산 부사에 제수. 겨울 『마과회통』 12권 완성.

1798년(정조 22, 37세)

4월 『사기찬주』 올림. 겨울 곡산의 좁쌀, 콩 환가령 철회 요청하여 허락받음. 『오례의도척』과 실제 척을 비교하여 바로잡음. 종횡표 만들어 호적, 군적 정리.

1799년(정조 23, 38세)

2월 황주 영위사 임명 교지 받음. 4월 24일 내직으로 옮겨져 병조 참지 제수. 상경 도중 5월 4일 동부승지 제수, 부호군으로 옮김. 입성한 5월 5일 형조 참의 제수. 『초도둔우계』 올림. 10월 조화진, 이태영이 이가환, 정약용과 주문모 밀입국을 보고한 한영익 부자를 서교에 탐닉했다고 상주했으나 정조가 무고로 일축. 12월 『춘추좌전』 세서례 때 어제시에 화답하는 시 지어 올림. 넷째 아들 농장 출생.

1800년(정조 24, 39세)

봄에 세로가 위험하다고 느껴 전원으로 돌아갈 계획 세움. 6월 28일 정조 승하. 겨울 졸곡 후 열수로 돌아가기로 결심. 초천 별장으로 돌아가 형제와 함께 경전 강론, 당에 '여유興猶' 편액을 담. 이해 『문헌비고간오』 완성.

1801년(순조 1, 40세)

2월 8일 사간원의 계로 9일 하옥(책롱사건). 2월 27일 출옥되어 장기로 유배. 손암은 신지도로 유배. 3월 장기 도착 후 『이아술』 6

265

권, 『기해방례변』 저술(겨울 옥사 때 분실). 여름에 『백언시』 완성. 10월 황사영 백서사건으로 손암과 함께 재투옥. 11월 다산은 강진현, 손암은 흑산도로 유배.

1802년(순조 2, 41세)

큰아들 학연이 와서 근친. 겨울에 넷째 아들 농장 요절 소식 들음.

1803년(순조 3, 42세)

봄에 「단궁잠오」 완성. 여름에 「조전고」 완성. 겨울에 「예전상의광」 완성.

1804년(순조 4, 43세)

봄에 「아학편훈의」 완성.

1805년(순조 5, 44세)

여름에 「정체전중변」(일명 「기해방례변」) 3권 완성. 겨울에 큰아들 학연이 찾아옴. 보은산방에서 『주역』과 『예기』 가르침. 「승암문답」 기록(52칙).

1807년(순조 7, 46세)

5월 장손 대림 출생. 7월 형의 아들 학초 부음 듣고 묘갈명 씀. 『상례사전』 50권 완성. 겨울에 「예전상구정」 6권 완성.

1808년(순조 8, 47세)

봄에 다산으로 옮겨 거처. 다산에 대를 쌓고 못을 파고 꽃나무 심고 폭포 만들고 암자 짓고 서적 쌓아두고 글을 지으며 즐김. 석벽에 '정석丁石' 두 자 새김. 「다산문답」 1권 씀. 봄에 둘째 아들 학유 방문. 여름에 가계 씀. 겨울에 「제례고정」완성. 『주역심전』완성. 「독역요지」 18칙, 「역례비석」, 「춘추관점」보주, 「대상전」주해, 「시괘전」주해, 「설괘전」정정. 『주역서언』 12권 완성.

1809년(순조 9, 48세)

봄에 「예전상복상」완성. 『상례외편』 12권 완성. 가을에 『시경강의』산록. 『모시강의』 12권, 『시경강의보유』 3권 지음.

1810년(순조 10, 49세)

봄에 『관례작의』, 『가례작의』완성. 봄, 여름, 가을 3차례 가계 씀. 9월 큰아들 학연이 상소했으나 홍명주, 이기경의 반대로 석방되지 못함. 겨울에 『소학주관』완성.

1811년(순조 11, 50세)

봄에 『아방강역고』, 겨울에 「예전상기별」완성.

1812년(순조 12, 51세)

봄에 『민보의』완성. 겨울에 『춘추고징』 12권 완성. 「아암탑문」지음.

1813년(순조 13, 52세)

겨울에 『논어고금주』완성(40권). 이강회, 윤동 도움. 「원의총괄」표 작성(175조). 「춘추성언수」 63장 씀.

1814년(순조 14, 53세)

4월 장령 조장한의 상소로 죄인 명부에서 이름 삭제. 의금부에서 석방하려 했으나 강준흠의 상소로 막힘. 여름에 『맹자요의』완성. 가을에 『대학공의』 3권, 『중용자잠』 3권, 『중용강의보』 완성.
겨울에 『대동수경』 완성.

1815년(순조 15, 54세)

봄에 「심경밀험」과 「소학지언」 완성.

1816년(순조 16, 55세)

봄에 『악서고존』 완성. 6월, 손암 정약전 부음 듣고 묘지명 씀.

1817년(순조 17, 56세)

가을에 『상의절요』 완성. 『방례초본』 저술 시작(미완성, 후에 『경세유표』로 개명).

1818년(순조 18, 57세)

봄에 『목민심서』 완성. 여름에 『국조전례고』 2권 완성. 8월 이태순의 상소로 관문 발하여 다산을 떠나 14일 만에 열수 본가로 돌아옴.

1819년(순조 19, 58세)

여름에 『흠흠신서』 완성(초명 『명청록』). 겨울에 『아언각비』 3권 완성.

1820년(순조 20, 59세)

겨울에 옹산 윤정언 묘지명 지음.

1821년(순조 21, 60세)

봄에 「사대고례산보」 완성. 겨울에 남고 윤참의 지범 묘지명 씀.

1822년(순조 22, 61세)

회갑년. 「자찬묘지명」 지음. 윤지평 지눌 묘지명 씀. 이장령 유수 묘지명 씀. 신작에게 육향 제도 논하는 편지 보냄.

1823년(순조 23, 62세)

9월 28일 승지 후보로 낙점되었으나 얼마 후 취소됨.

1827년(순조 27, 66세)

10월 윤극배가 '동뢰구언'으로 다산을 무고했으나 실현되지 못함.

1830년(순조 30, 69세)

5월 5일 약원에서 탕제 일로 부호군에 단부됨. 익종 위독하여 약원 회의 요청. 약을 달여 올리기도 전에 6일 익종 사망.

1834년(순조 34, 73세)

봄에『상서고훈』과『지원록』개수하여 21권으로 합침. 가을 다산에서『상서』읽으며『매씨서평』개정. 순조 환후 위급하여 12일 출발, 홍화문에서 초상 듣고 다음 날 귀향.

1836년(헌종 2, 75세)

2월 22일 진시에 열상 정침에서 사망. 이날은 회혼일로 족친과 문생들이 모두 모임. 장례는 유언과「상의절요」에 따름. 4월 1일 유언대로 여유당 뒤편 광주 초부방 마현리 자좌 언덕에 장사지냄.

1910년 7월 18일

특별히 정헌대부 규장각 제학 추증, 문도공 시호 내림.

– 한국고전번역원 자료를 바탕으로 재구성함

참고문헌

금장태, 『다산 정약용』, 살림, 2014

김민정·김현정, 『인간 이재명』, 아시아, 2021

김준혁, 『왜 이재명을 두려워하는가』, 더봄, 2024

박석무, 『다산 정약용 평전』, 민음사, 2017

박석무, 『유배지에서 보낸 편지』, 창비, 2017

박시백, 『이재명의 길』, 비아북, 2025

이재명, 『결국 국민이 합니다』, 오마이북, 2025

이재명, 『이재명의 굽은 팔』, 김영사, 2017

이재명, 『함께 가는 길은 외롭지 않습니다』, 위즈덤하우스, 2022

이재명·스토리텔링콘텐츠연구소, 『그 꿈이 있어 여기까지 왔다』, 아시아,
        2022

임종성, 『이재명, 흔들리지 않는 원칙』, 모아북스, 2025

장영하, 『굿바이, 이재명』, 지우출판, 2021

진규동, 『변화와 개혁의 등불』, 더로드, 2022

한승원, 『다산茶山』, 열림원, 2024

이재명, 20대 대선출마 선언문, https://www.newstomato.com/
ReadNewspaper.aspx?epaper=1&no=1055877

이재명, 21대 대선출마 선언문, https://www.youtube.com/
watch?v=dwoITpQ91uw

정약용 연보, 한국고전번역원. https://db.itkc.or.kr/dir/item?itemId=BT#/
dir/node?dataId=ITKC_BT_1287A_0010_000_0010&jusokId=D0
01&wordHL=%EB%8B%A4%EC%82%B0%5E%EC%A0%95%
EC%95%BD%EC%9A%A9%5E%EC%97%B0%EB%B3%B4%
5E%E5%B9%B4%E8%AD%9C

정약용, 『경세유표』(방례초본 서:邦禮艸本序), 한국고전번역원, https://
db.itkc.or.kr/dir/item?itemId=BT#dir/nodegrpId=&itemId=BT&
gubun=book&depth=5&cate1=Z&cate2=&dataGubun=%EC%
B5%9C%EC%A2%85%EC%A0%95%EB%B3%B4&dataId=IT
KC_BT_1260A_0120_070_0060

정약용, 『다산시문집』, 한국고전번역원, https://db.itkc.or.kr/dir/
item?itemId=BT#dir/node?grpId=&itemId=BT&gubun=book&d
epth=2&cate1=Z&cate2=&dataGubun=%EC%84%9C%EC%A
7%80&dataId=ITKC_BT_1260A

정약용, 『목민심서』, 한국고전번역원, https://db.itkc.or.kr/dir/

item?itemId=BT#dir/node?grpId=&itemId=BT&gubun=book&d
epth=2&cate1=Z&cate2=&dataGubun=%EC%84%9C%EC%A
7%80&dataId=ITKC_BT_1288A

정약용,『흠흠신서』, 한국고전번역원, https://db.itkc.or.kr/dir/item?itemId
=BT#/dir/node?dataId=ITKC_BT_1260A_0120_070_0080